술자리도
능력이다

"성공을 위해서라면 귀찮을 건 하나도 없다."

성공학 연구자 나폴리언 힐Napoleon Hill

What do men with results do
at the drinking party?

술자리도
능력이다

도가 히로쿠니 지음 | **이지수** 옮김

다산 3.0

"업무를 위해 술을 마시는 것은
구세대들이나 하는 행동이다.
업무는 성과로 평가받아야 한다."

이런 사고방식이

오늘날 현장의 흐름일지도 모르겠습니다.

물론 이 말대로 기획 내용이나 평소 업무 태도는

매우 중요합니다.

'내실 없는 업무'로는 좋은 평가를 받을 만한

성과를 낼 수 없으니까요.

이 점은 단언할 수 있습니다.

그러나

예나 지금이나 변함없이 '성과를 내는 사람'이 실천하는

비즈니스 원칙이 있습니다.

"열심히 일하는 것만으로는
부족하다."

이미 모든 사람이 열심히 일하고 있습니다.

과정도 중요하지만 과정이 곧 결과가 될 수는 없습니다.

성실한 비즈니스만으로는 채울 수 없는 1%가 필요한 시대입니다.

미량의 소금이 바닷물과 강물을 구분하고,

99도의 물에 더해지는 마지막 1도가 물을 끓게 하듯

성과를 내는 사람은 남들이 채우지 못하는

비즈니스의 1%를 채우는 사람입니다.

그 1%는 사람에 따라 다르고, 비즈니스의 종류에 따라 다르겠지만,

제가 이 책에서 말하고자 하는 것은 바로 술자리에 대한 부분입니다.

"백 장의 명함보다 한 번의 술자리가 낫다!"

그렇습니다.

성과를 내는 사람은 술도 '전략적'으로 마십니다.

당신의 부족한 1%를 채워드리겠습니다.

저는 《MEN'S CLUB》이라는 남성 패션지의 편집장입니다.

'잡지 불황'이라는 말이 등장한 지도 참 오래되었습니다. 《MEN'S CLUB》도 상황은 마찬가지였습니다. 독자 수와 광고 수입이 줄어들어 존폐의 위기에 놓이기도 했습니다. 하지만 제가 편집장으로 취임한 2007년부터 상황은 달라지기 시작했습니다. 저는 취임하자마자 조직의 성격을 바꾸는 개혁에 몰두했고, 최근 8년 동안 매출이 두 배가 되는 성과를 이루었습니다.

편집장으로서 제게는 잡지 지면을 만드는 것만큼이나 중요한 일이 또 있습니다. 바로 저녁 술자리와 점심시간을 최대한 활용하는 것입니다. 일주일 동안의 제 식사 스케줄을 뽑아보면 대략 다음과 같습니다.

[월요일] 저녁: 클라이언트 A와 술자리

[화요일] 점심: 편집부 멤버들과 점심 식사

저녁: 클라이언트 B와 술자리

[수요일] 저녁: 클라이언트 C가 주최하는 파티 참가

[목요일] 저녁: 광고 에이전시 영업 담당자와 함께 클라이언트 D와 술자리

[금요일] 점심: 클라이언트 E와 점심 식사

저녁: 편집부 멤버 전원과 마감 쫑파티

[토요일] 점심: 클라이언트 F와 골프 및 점심 식사

저녁: 클라이언트 G와 술자리

[일요일] 점심·저녁 : 아내가 만들어준 요리로 식사

제 블로그(blogs.mensclub.jp/togablog)를 보면 실감하시겠지만, 집에서 밥을 먹을 때 빼고는 거의 날마다 업무 관련 술자리나 점심 약속이 스케줄에 잡혀 있습니다. 1년 365일 중 364일 업무 관련 회식을 한다 해도 과언이 아니지요. (아내의 생일만큼은 어떻게든 일정을 비우려고 노력합니다.)

어째서 회식이 이렇게 많으냐고요? 그것은 술자리나 점심 식사가 매출을 크게 좌우하기 때문입니다. 잡지 편집장으로서 매력적인 지면을 만들어 독자 수를 늘리는 것도 중요하지만, 그만큼 중요한 일이 또 있습니다.

바로 광고 수입을 늘리는 일이지요. 주로 패션 업계의 브랜드 기업을 클라이언트(광고주)로 삼아 우리 잡지에 광고를 해달라고 요청하는 겁니다. 인기 있는 잡지일수록 많은 광고가 몰리

고, 이는 매출 상승으로 이어지지요.

물론 사내에도 영업부와 광고부는 있습니다. 그들도 광고 지면을 확보하려고 분투하긴 합니다만, 기사를 통해 상품을 홍보하는 타이업(tie-up) 광고나 클라이언트와 함께 진행하는 독자 이벤트 등은 반드시 편집부와 협력해야만 합니다.

또한, 편집장은 잡지의 '얼굴'입니다. '도가 씨네 잡지니까 광고를 내야겠다.'라고 생각하게끔 클라이언트와의 관계를 긍정적으로 구축하는 과정도 필요하지요. 다시 말해, 클라이언트에게 되도록 많은 돈을 내게 하는 일이 편집장에게 주어진 중요한 미션입니다.

여러분의 일도 그렇듯, 모든 업무는 내용의 질이 중요합니다. 무슨 일을 하든 '얼마나 매력적인 상품 또는 서비스인가?', '고객이 지갑을 열 만한 가치를 제공하는가?' 등의 질문을 피할 수는 없습니다.

잡지도 마찬가지로 기획의 내용이 매우 중요합니다. 그리고 그 내용에 대한 평가는 얼마만큼 독자를 만족시킬 수 있는 콘텐츠를 만드는가, 클라이언트가 돈을 내고 싶어 하는 기획을 제안할 수 있는가에 달려 있지요. 오늘도 수많은 에디터들이 밤새워 머리를 싸매고 고민하는 까닭은 바로 이 두 가지 기준을 충족시키기 위해서입니다.

하지만 기획의 내용이 아무리 뛰어나도 바라던 결과를 얻지 못할 때가 있습니다. 프레젠테이션 당시에는 고객에게 높은 평가를 받았지만 막상 계약서에는 도장을 찍지 못하기도 하고, 처음부터 고객의 신뢰를 얻지 못해 다시 발표를 준비하는 경우도 있지요. 네, 그렇습니다. 이게 바로 현실입니다. '기획만큼은 자신 있는데……'라며 눈물을 흘렸던 사람이 적지 않을 겁니다.

유감스럽지만 이처럼 내용의 질이 아무리 좋아도 승부에서 이기지 못하는 경우가 우리 주변에는 비일비재합니다. 그러나 승률을 높여주는 방법은 분명 존재합니다. 바로 술자리 등의 회식 자리를 활용하는 것입니다. 구체적인 내용은 나중에 다시 설명하겠지만, 저는 회식을 '상대방으로부터 YES라는 답을 이끌어내기(돈을 받아내기) 위해 한 번 더 눌러야 하는 버튼'이라고 믿습니다. 그래서 저는 일부러 '전략적'으로 술자리에 참석하며 매일같이 회식을 이어나가고 있습니다.

요즘 '술자리에서 일을 따내는 건 구식이다.'라고 생각하는 사람이 많습니다. 그들은 말합니다. 술자리 영업보다는 내용의 질로 승부를 걸어야 한다고. 하지만 이건 좀 다른 얘기가 아닐까요?

일을 하다 보면 뛰어난 비즈니스맨과 만날 기회가 많습니다. 그런데 가만 보면 성과를 내는 사람일수록 업무 내용 이외의 부분, 즉 회식 등을 통한 커뮤니케이션을 전략적으로 활용하는 경우가 많더군요. 그들은 왁자지껄한 술자리를 보며 '분위기가 좋아서 다행이야.'라고 생각하고 만족하지 않습니다. 그 자리가 성과를 내기 위한 또 다른 프레젠테이션 장소라는 전제를 가지고 술자리에 임합니다. 예전만큼은 아니겠지만, 고객과의 술자리와 회식을 업무의 일부로 받아들이는 직장이 지금도 적지는 않을 겁니다.

'사회생활이니 어쩔 수 없다.'거나 '어쨌거나 즐겁게 마실 수 있다면 그걸로 좋다.'는 등, 나태한 생각을 가지고 회식에 참석하는 건 아까운 일입니다. 회식은 업무의 성과를 내기 위한 절호의 찬스입니다.

회식에 대한 의식이 바뀌면 반드시 일의 성과도 바뀝니다.

이 책이 계기가 되어 여러분이 뛰어난 업무 성과를 낸다면 저자로서 그 이상 기쁜 일은 없을 것입니다.

도가 히로쿠니

차례
Contents

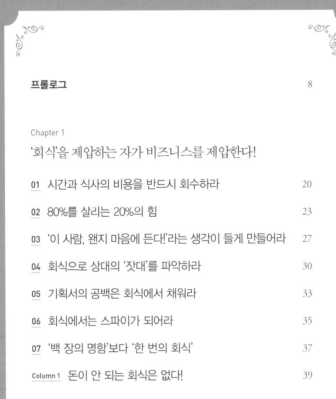

Chapter 2

말해야 할 것, 말하면 안 되는 것!

Chapter 3

성과를 내는 남자만의 특급 배려!

Chapter 4

일의 성과는 회식의 '마무리'로 결정된다!

Chapter 5

'가게 선택'으로 상대와의 거리를 조절하라!

'회식'을
제압하는 자가
비즈니스를
제압한다!

01

시간과 식사의 비용을
반드시 회수하라

'오늘 술자리 참 재미있었어.'

회식 후 이런 감상에 젖는 사람이라면 분명 일에서 성과를 내기가 힘들 것입니다.

1980년대 거품 경제가 꺼지기 전까지는 업무 관계자와 왁자지껄 마시는 것만으로도 일이 착착 들어오는 시대였습니다. 그러나 지금은 다릅니다. 회사도 거품 경제기와 같은 자금적 여유는 없습니다. 한정된 적은 예산으로 큰 성과를 내는 일이 사원에게도 요구되고 있습니다.

그러므로 회식에 소비하는 시간이나 식비도 '비용'으로 파악해서, 비용 대비 효과를 중시해야만 합니다. '아, 즐거웠다!' 또는

'맛있었다!'라는 감상만 남았다면 그것은 실패한 회식입니다.

그런데 현실에서는 '즐겁게 마시기만 하면 충분히 일을 딸 수 있다.'라고 생각하는 사람이 아직도 많아 보입니다. 특히 영업을 하는 사람들 중에 이러한 사고방식을 가진 사람이 많습니다.

저도 일을 하다 보면 회식에 초대받는 경우가 많은데, 개중에는 업무와 그다지 관계없는 자리임에도 불구하고 "일단 마십시다!"라며 저를 부르는 사람이 많습니다. 실제로 그런 회식에 참석해보면 처음부터 끝까지 업무 이야기는 나오지 않지요.

아마도 상대는 '도가 씨와 함께 술을 마시면 나중에 일로 연결되겠지.'라는 마음이었을지도 모르지만, '함께 술을 마셨으니 일도 함께합시다.'라는 사고방식은 너무도 비생산적입니다. 이 또한 1980년대식 회식 스타일이라는 점을 지적하지 않을 수 없겠군요. 물론 여러 번 같이 일을 했던 상대라면, 가끔씩은 업무 이야기를 빼고 즐겁게 마시는 리프레시(사적인 술자리)도 필요합니다. 하지만 그렇지 않은 경우라면, 회식에 명확한 업무 목적이 있어야 합니다.

'프레젠테이션 기획을 통과시키고 싶다', '정보를 얻고 싶다' 등 목적은 다양하겠지만, 회식 자리에서 한 번도 구체적인 업무 이야기가 나오지 않는 사태만은 벌어져서는 안 됩니다. 물론 시종일관 일 이야기만 하면 상대가 압박을 느낄 수 있으므로, 그

외의 화젯거리를 준비해 즐거운 분위기로 유도할 필요는 있겠지요.

그러나 아무리 친밀한 분위기의 회식 자리라도, 반드시 얼마쯤은 업무 이야기를 해서 차후의 일을 도모해야만 합니다. 다시 말해, 전략이 없는 회식은 아무런 쓸모가 없습니다.

회식은 '돈 관계'로 성립된다!

원래 비즈니스 회식은 '돈 관계'가 밑바탕에 깔려 있습니다.

저는 잡지 편집장을 맡고 있다 보니 나름의 권한이 있어서 많은 사람이 회식 자리에서 함께 어울려줍니다. 만약 제가 편집장을 그만두고 백수가 된다면 그 누구도 저를 돌아봐주지 않겠지요.

그런 의미에서라도 역시 회식은 업무의 일환입니다. 업무인 이상, 시간과 식사에 드는 비용은 반드시 회수해야만 합니다.

결국 도장을 찍게 만드는 술자리 비즈니스 골든 팁! ┈┈┈┈┈┈┈┈

'재미있었다!'만으로 끝나는 회식은 아무런 쓸모가 없다.
모든 회식에는 성과가 있어야 한다!

술자리도 능력이다

80%를 살리는
20%의 힘

'회식이 잘 풀리면 일도 모조리 잘 풀린다?'

기대에 어긋나는 이야기라 죄송하지만, 그럴 리는 없습니다. 거품 경제기에는 어느 정도 가능한 이야기였지만, 요즘 시대에 회식을 하면 일이 굴러들어오고 만사가 원활하게 진행된다는 건 새빨간 거짓말입니다. (물론 그래도 저는 "회식으로 일의 결과가 바뀐다!"라고 단언할 수 있습니다.)

현실적으로 말하자면 업무는 '알맹이'가 중요합니다. 기획이나 제안, 상품이 얼마나 매력적인가에 따라 고객은 지갑을 엽니다. 제가 몸담고 있는 잡지 편집의 세계를 예로 들면, '클라이언트가 얼마나 많은 광고를 지원하느냐'보다 중요한 일은 없습니다.

이를테면 당신이 옷을 사러 가게에 갔다고 상상해봅시다. 매우 친절한 점원이 당신을 맞이하여 즐겁게 대화를 나누고, 패션 센스도 칭찬해줬습니다. 점원의 상냥한 접대에 당신은 매우 기분이 좋아졌지요. 그런데 그 점원이 당신에게 독특한 디자인의 옷을 강하게 추천한다면 어떨까요? 게다가 그 옷은 당신의 취향과는 정반대입니다. 가격도 예산의 두 배나 되고요. 아무리 점원의 태도가 훌륭해도 당신은 그 옷을 사지 않을 것입니다.

우리가 하는 일도 마찬가지입니다. 아무리 상대가 좋은 사람이고 접대가 훌륭해도, 업무의 질이 떨어지면 '일을 맡겨보자.', '이 사람에게 돈을 내자.' 하는 생각은 들지 않을 것입니다.

알맹이가 80%, 회식이 20%!

반복해서 말하지만, 훌륭한 업무 내용은 성과를 내기 위한 최저 조건입니다. 내실이 수반되지 않으면 제아무리 회식 자리에서 뛰어난 능력을 발휘하더라도 바라는 결과를 얻을 수 없습니다.

물론 이런 얘기를 할 수도 있습니다.

"훌륭한 업무 내용이 반드시 좋은 성과로 이어지지는 않는다."

술자리도 능력이다

맞는 말입니다. 제가 지금까지 쌓아온 경험에 비추어보자면, 결국 성과를 이끌어내는 건 훌륭한 업무의 내용보다도 회식과 같이 '업무와 크게 관련이 없는 부분'이었습니다. 성과의 80%를 차지하는 훌륭한 업무 내용보다, 회식 자리에서의 20%가 더 빛을 발하는 셈이지요. 남들이 보기엔 '고작 20%'에 불과하지만, 이 20%가 상상 이상으로 중요한 역할을 하는 겁니다.

예를 들어 당신이 기획의 프레젠테이션을 맡았다고 상상해봅시다. 매우 매력적인 내용이라서 클라이언트도 당신의 기획을 선택하고 싶어 했습니다. 만약 그 전에 여러 번 함께 일한 경험이 있는 사람이었다면 당장 그 자리에서 당신의 기획을 선택했을 겁니다. 하지만 아직까지 한 번도 일을 같이 해본 적 없는 사람이라면 어떨까요?

'기획 내용은 좋지만, 정말로 이 사람한테 맡겨도 될까?', '같이 일을 하다 보면 엇갈릴 수도 있지 않을까?'라는 불안이 문득 마음을 스칠지도 모릅니다. 80%에 해당하는 업무 내용은 문제가 없지만, '과연 액면 그대로 받아들여도 괜찮을까?' 하는 애매한 부분이 일의 진행을 가로막는 것입니다.

이런 걱정을 불식시키는 과정이 바로 '회식'을 통한 커뮤니케이션입니다. 함께 식사를 하면 좋든 싫든 상대의 인품과 성의 등을 엿볼 수 있습니다. 그러므로 회식 자리에서 상대방에게 좋은 인상을 안겨줄 수 있다면, 상대가 당신에게 안심하고 일을 맡길 가능성이 훨씬 높아집니다.

회식은 구름 낀 듯 흐릿한 업무 내용 80%를 '투명한 80%'로 바꾸어주는 중요한 프로세스입니다. 맛있는 회도 채소나 겨자를 곁들이지 않으면 그 맛이 떨어지듯이, 아무리 훌륭한 기획이라도 20%의 회식이 없으면 빛나지 않습니다.

결국 도장을 찍게 만드는 술자리 비즈니스 골든 팁! ·······················

훌륭한 기획만으로는 결코 계약서에 도장을 찍을 수 없다. 20%의 친밀감이 80%의 업무를 결정한다!

'이 사람, 왠지 마음에 든다!'라는
생각이 들게 만들어라

여러분이 착각하지 않았으면 하는 점은, 회식의 목적은 그 자리에서 곧바로 일을 따내는 것이 아니라는 사실입니다.

저는 클라이언트를 접대하기만 하는 게 아니라, 잡지에 상품을 소개하고 싶어 하는 PR 회사 등의 회식에 초대를 받기도 합니다. 그런데 만약 그들이 30분이고 한 시간이고 일 이야기만 하면 솔직히 신설머리가 날 것 같습니다. '술은 즐겁게 마시자고요!'라는 말이 목구멍까지 올라오는 게 정상이겠지요.

성과를 내려고 하는 필사적인 마음은 알겠지만, '그 자리에서', '곧바로' 무언가를 얻으려 하는 태도는 역효과를 낼 뿐입니다. 술자리와 업무 미팅은 구분하는 게 원칙 아닐까요.

회식의 목적 중 하나는 자신의 존재감을 상대방에게 각인시키는 것입니다.

회식을 하면 두세 시간 동안 같은 공간에서 함께 시간을 보내게 됩니다. 서로 술을 마시며 그 정도의 시간을 함께 보내면 상대방의 성품을 알게 되고, 반대로 자신의 성품도 상대방에게 알리게 됩니다. 이를테면 상대방에게 당신이 사려 깊은 사람이거나 화제가 풍부하고 매력적인 사람이라고 인식시킬 수 있는 것입니다. 반대로 눈치가 없거나 재미없는 사람이라고 생각하게 만들 가능성도 있지만요. 만약 같은 내용의 기획서가 두 개 있다면 '이 사람, 왠지 좋다!', '이 사람하고 일하면 즐거울 것 같아!'라는 느낌을 주는 사람의 기획서를 고르는 게 인지상정이겠지요.

경우에 따라서는 기획서의 내용이 다소 부실하더라도 '이 사람과 함께 일해보고 싶으니까 한번 맡겨보자.'라고 판단할 수도 있습니다. 최악의 경우 기획서가 채택되지 않더라도 연결 고리가 생겼으니 '다음번에는 이 사람에게 먼저 기회를 주자.' 하고 생각할 수도 있고요.

이렇게 상대방에게 존재감을 각인시키고 신뢰를 얻는 것이 회식의 주된 목적 가운데 하나입니다.

존재감은 돈으로 살 수 없다!

존재감을 각인시키기 위해 구태여 비싼 돈을 들이거나 고급 음식점에서 접대할 필요는 없습니다. 조용히 얘기해야 할 업무를 두고 시끄러운 술집을 고르는 건 말도 안 되지만, 개인적으로는 절대로 가지 않을 듯한 고급 음식점을 고르는 것도 상대방을 좌불안석으로 만들어 부정적인 결과를 초래할 수 있습니다. 물론 고급 음식점에서 밥을 먹으면 상대방에게 '그 가게의 음식이 참 맛있었지.'라는 인상을 남길 수는 있지만 당신의 존재감 향상으로 이어지지는 않습니다.

당신의 존재감을 깊게 각인시키려면 무엇보다도 자신의 '자세'를 내보이는 것이 좋습니다. 말과 행동, 배려심, 매너, 대화 내용 등을 통해 좋은 인상을 남기면 자연스레 '이 사람과 일해 보고 싶다!'라는 느낌을 줄 수 있습니다. '돈을 들이면 된다'라는 건 과거의 사고방식입니다. 중요한 것은 값비싼 고급 음식점이 아니라, 당신의 행동입니다.

결국 도장을 찍게 만드는 술자리 비즈니스 골든 팁! ....
회식 자리에서 계약서 사인까지 받으려 하지 않는다. 계약 체결보다 자신의 존재감을 알리는 게 우선이다!

CHAPTER 1 「회식」을 제압하는 자가 비즈니스를 제압한다!

회식으로 상대의
'잣대'를 파악하라

함께 일을 하다 보면 상대방과의 사소한 오해 때문에 업무가 원활히 진행되지 않는 경우가 있습니다. 자신이 그렸던 업무 이미지와 상대방이 요구하는 업무 이미지가 다르면 서로 불편해지게 마련이지요.

가령 잡지에 '양질의 구두'를 테마로 한 기획 광고를 싣는다고 생각해봅시다. 편집부가 생각하는 '양질'의 이미지에 맞추어 검은색을 중심으로 지면 디자인을 잡았는데, 클라이언트가 '양질의 이미지는 검은색이 아니다. 금색으로 바꾸어 달라.'라고 요구하면 그동안의 작업이 물거품이 될 수밖에 없습니다.

이처럼 같은 '양질'이라는 단어도 받아들이는 방식은 제각각입니다. 서로의 기준이 되는 '잣대'가 다르면 이런 일이 발생할 수밖에 없습니다.

반면 이 '잣대'가 딱 맞아 떨어지면 일은 순조롭게 풀립니다. 패션으로 예를 들어보겠습니다. 제가 수제 양복점에 가서 "바지는 약간 더 타이트한 느낌으로 만들어주세요."라고 부탁했다고 칩시다. 제 말을 제대로 이해한 점원이라면 '약간 더'가 어느 정도인지 정확히 이해할 것입니다. 그는 '도가 씨가 말하는 약간 더는 이 정도겠지.'라고 생각하며 절묘한 감각을 발휘해 바지를 만들 것입니다. 이는 서로의 잣대가 일치한다는 증거이지요.

회의로는 '잣대'의 길이를 알 수 없다!

우리가 평소에 하는 일도 마찬가지입니다. 함께 일하는 상대와 잣대가 일치하면 서로 납득할 수 있는 결과를 만들 수 있습니다.

술자리 등의 회식은 상대의 '잣대'를 파악할 수 있는 절호의 기회입니다. 잣대의 미묘한 차이는 업무적인 회의나 짧은 사전 미팅 자리에서는 알 수 없습니다. 반면 회식을 하며 긴 시간을 함께 보내면 평소에는 알 수 없었던 상대방의 취향이나 가치관 등을 쉽게 파악할 수 있습니다.

예를 들어 회식 자리에서 상대방의 호탕한 성격을 엿보았다고 가정해봅시다. 이후 상대가 업무 회의 시간에 "이 기획은 좀 더 화려하게 진행해봅시다."라고 말했다면, 그가 회식 자리에서 보여준 호탕한 성격을 바탕으로 '좀 더 화려하게'가 어느 정도인지 짐작할 수 있을 것입니다. 이럴 땐 예산을 더 늘려서 대담하게 진행해도 되겠지요.

반대로 상대방이 회식 자리에서 진중한 성격을 보였다면 '좀 더 화려하게'의 뉘앙스가 앞의 경우와는 제법 다르게 느껴질 것입니다. 단번에 화려하게 바꾸기보다는 상황을 보아가며 조금씩 화사하게 바꾸는 편이 현명하겠지요.

상대방의 '업무 잣대'를 파악하고 그에 맞출 수 있다면, 상대방도 '이 사람과는 함께 일하기 편하다.'라고 생각할 것입니다. 회식을 통해 이런 관계를 구축할 수 있다면 당신의 성과는 저절로 좋아질 것입니다.

결국 도장을 찍게 만드는 술자리 비즈니스 골든 팁! ....
상대방의 술자리 성격을 알면 업무를 대하는 태도와 잣대를 알 수 있다. 상대방의 잣대를 알면 일이 한결 수월해진다!

기획서의 공백은
회식에서 채워라

업무는 어디까지나 내용이 중요합니다. 기획서를 작성할 때도 오탈자가 있으면 좋은 인상을 줄 수 없습니다. 매력적으로 완성된 기획서는 원활한 비즈니스의 전제 조건입니다.

그러나 기획서만으로는 상대방에게 전달할 수 없는 내용이 있습니다. 예를 들어 클라이언트의 상품 네 개를 기사 형식으로 소개하기 위해 지면을 널찍하게 구성했는데, 클라이언트가 여덟 개를 넣고 싶어 하는 경우입니다. 꼭 잡지가 아니더라도 이런 경우는 자주 발생하겠지요.

그런데 기획서는 계약서가 아니므로, 대략적인 사항을 전달할 수는 있어도 세부 사항까지 모조리 집어넣을 수는 없습니다.

또 양쪽 다 슈퍼컴퓨터가 아니므로 "말했다." 또는 "들은 적 없다."며 서로의 기억에만 의존해 싸울 수도 있습니다.

하지만 회식 자리에서 서로의 거리를 충분히 좁혀두면,

"저희는 네 개를 실을까 합니다."

"적어도 다섯 개는 실어주시면 안될까요?"

"다섯 개 정도라면 어떻게든 노력해볼 수 있을 것 같군요."

하는 식의 협의가 자연스레 이루어집니다.

이처럼 회식은 기획서의 공백을 채워주는 역할을 훌륭히 수행합니다.

결국 도장을 찍게 만드는 술자리 비즈니스 골든 팁! ....

모든 일은 절대 기획서대로 진행되지 않는다. 회식을 통해 그 빈 공간을 메운다!

술자리도 능력이다

회식에서는
스파이가 되어라

회식은 '회의나 메일로는 알 수 없는 정보를 입수할 수 있다' 는 장점이 있습니다.

제가 하는 일의 경우, 경쟁 잡지보다 먼저 정보를 선점해서 기사화하는 게 중요합니다. 이때 클라이언트와의 회식이 큰 역할을 하는데, 아무래도 자주 만나는 사이일수록 쉽게 정보를 얻을 수 있죠. 이렇게 얻은 정보는 라이벌과의 격차를 벌리는 데 지대한 공헌을 합니다.

또한 어느 클라이언트의 패션 이벤트에 톱스타 배우를 게스트로 초대했다는 정보를 얻으면 우리 잡지와의 컬래버레이션을 제안할 수도 있습니다. 사실 톱스타의 기획사들은 정식으로

표지 촬영이나 취재 의뢰를 넣어도 여간해서는 허락해주지 않는 경향이 있습니다. 하지만 막강한 자금력을 가진 클라이언트와 손을 잡으면 실현 가능성이 매우 높아지죠.

회식을 통해 돈독한 신뢰 관계를 구축해두면, 술을 마셔서 기분이 좋아진 상대방이 값진 정보를 슬쩍 흘려줄 가능성이 높아집니다. 이처럼 '정보가 곧 힘'인 분야는 비단 잡지만이 아니겠지요. 라이벌과의 격차를 벌려 성과를 내기 위해서라도 회식이라는 '정보 전쟁'에 적극 참여할 필요가 있습니다.

결국 도장을 찍게 만드는 술자리 비즈니스 골든 팁!

회의나 메일을 통해 주고받은 정보가 전부는 아니다. 진짜 정보는 술자리에서 나온다!

07

'백 장의 명함'보다
'한 번의 회식'

아무리 많은 명함을 가지고 있어도 그것이 진짜 인맥이라고는 할 수 없습니다. 이른바 '명함 컬렉터'가 실제 업무에서 성과를 내기는 어렵습니다. 그러나 현실에서는 마치 '명함 교환을 하면 비즈니스 파트너'라는 듯 상대방에게 일 이야기를 꺼내는 사람이 적지 않습니다. 최근에는 SNS가 활성화되어 쉽사리 연락을 취할 수 있게 되면서, 일면식조차 없는데 갑자기 "일 좀 시켜주세요."라고 가볍게 말을 거는 사람도 있습니다.

하지만 몇천만 원, 몇억 원 규모의 거대한 사업을 추진하려 할 때, 명함이나 SNS로 이루어진 관계가 일에 도움을 줄 수 있을까요? 제 대답은 'NO!'입니다. 누가 뭐래도 가장 좋은 방법은 술자리 등의 회식을 통해 서로의 거리를 메우는 것이 아닐까요?

흔해 빠진 말일지도 모르지만, 메일이나 인터넷 등의 디지털 도구만으로는 깊은 대화를 나눌 수 없습니다. SNS 등 디지털 도구를 자유자재로 활용하는 일도 물론 중요하지만, 아날로그에는 아날로그만의 장점이 있습니다.

예를 들어 저는 헬스장에서 땀을 흘리고 난 뒤 사우나에 들어갑니다. 그곳에서 우연히 지인과 만나면 업무 이야기를 비롯해서 시시껄렁한 잡담에 이르기까지 매우 즐겁게 대화를 나눕니다. 전혀 모르는 사람과 담소를 꽃피울 때도 있습니다. 편한 마음으로 사우나에서 이야기를 나누다 보면, 대화의 내용이 신기할 만큼 기억에 남기도 하고, 상대방에게 친밀감을 품게 되기도 합니다.

그야말로 진솔한 만남이 주는 효과겠지요. 비즈니스에서도 아날로그식의 진솔한 만남을 가지다 보면 상대방과의 거리감이 단번에 좁혀집니다. 그 절호의 기회가 바로 회식입니다.

결국 도장을 찍게 만드는 술자리 비즈니스 골든 팁! ....

명함을 주고받고 SNS 친구가 되는 게 비즈니스는 아니다. 때로는 아날로그적인 방식이 거리감을 좁히는 데 효과적이다!

술자리도 능력이다

돈이 안 되는 회식은 없다!

이번 챕터에서 꾸준히 언급했듯이, 회식은 업무 성과를 내기 위한 자리입니다. 그러므로 전략적으로 임할 필요가 있습니다.

그러나 '전략적으로 임하라'는 말이 '업무와 관련 없는 회식은 절대로 하지 마라'는 뜻은 아닙니다. 제 경우엔 대부분의 회식이 일과 직결되지만, 업무와 직접적으로 관련이 없는 회식에 참석할 때도 있습니다. 예를 들어 출판계 동업자들과의 회식이나 지인들이 모인 회식 자리는 잡지의 매출에 별다른 도움이 되지 않지요.

물론 같은 시간대라면 업무 관련 회식을 우선으로 하지만, 스케줄만 비어 있으띤 일과 직접적인 관련이 없는 회식에도 적극적으로 얼굴을 내밀고 있습니다. 왜냐하면 그런 회식은 돈이 되지는 않더라도 '도움'이 되거나, 큰일을 하기 위한 '밑밥'이 되는 경우가 많기 때문입니다.

저는 그런 회식에 참석하는 일이 영화 감상과 비슷하다고 생각합니다. 영화 감상은 당장의 업무에는 도움이 되지 않지만, 미래에도 전혀 도움이 되지 않는다고 단언할 수는 없습니다. 이를테면 배우의 옷맵시나 액세서리 등을 눈여겨보았다가 지면 구성의 힌트로 삼을 수도 있고, 영화 속 대사나 행동을 기억해 두었다가 커뮤니케이션할 때 써먹을 수도 있으니까요.

이처럼 회식은 돈이 되지 않더라도 도움이 될 만한 이야기를 들을 수 있으며, 회식 자리에서의 에피소드가 추억거리가 되어 서로의 유대감을 돈독하게 할 수도 있습니다. 또 회식 자리에서 만난 사람과의 인연이 돌고 돌아 일로 연결될 가능성도 있고요.

회사 동료와 술을 마시러 가서 업무 관련 푸념이나 상사 험담만 늘어놓을 생각이라면, 다른 회식에 적극적으로 참가하는 편이 훨씬 낫습니다. 특히 젊을 때는 다양한 경험을 쌓기 위해서라도 적극적으로 회식에 참가하는 게 좋습니다.

그러면 먼 훗날 "일만 잘하면 된다!"라고 딱 잘라 말했던 사람과 당신의 격차는 분명 상상할 수 없을 정도로 크게 벌어져 있을 것입니다.

Chapter 2

말해야 할 것,
말하면 안 되는 것!

08

회식이라는
'무대'를 연출하라

저는 회식을 '무대'라고 생각합니다. 멤버 한 명 한 명이 주어진 역할을 완수하여 업무의 '성과'라는 피날레를 향해 전력을 다하는 것이 회식의 바람직한 모습입니다. 그러므로 캐스팅에 해당하는 멤버 구성이나 엔딩을 아름답게 꾸며줄 시나리오를 작성하는 일도 매우 중요하겠지요.

회식을 주최할 때에는 무대를 연출한다는 마음가짐으로 임해야 합니다. 잡지에 광고를 내는 브랜드 기업의 담당자도 한 사람의 우수한 '연출가'입니다. 어느 날, 저는 그녀(담당자)로부터 이런 제안을 받았습니다.

"도가 씨, 이번 회식에는 우리 회사 사장님께서도 참석하고

자 하십니다. 잘 부탁드리겠습니다."

그녀의 얘기는 '사장이 기뻐할 만한 훌륭한 기획서를 제안해 주세요.'라는 말과 다를 바 없습니다. 회식에서 제가 어떤 역할을 해야 하는지 자연스레 정해진 것이지요. 물론 제 기획이 생각한 대로 실현된다면 그녀도 회사 내부에서 인정을 받을 테고, 우리 잡지사도 좋은 성과를 낼 수 있을 것입니다.

회식을 '성과로 이어지는 무대'라고 생각하면 이런 연출이 가능해집니다.

결국 도장을 찍게 만드는 술자리 비즈니스 골든 팁! ⋯⋯⋯⋯⋯⋯

회식은 단순한 모임이 아니다. 참석자들이 함께 만드는 한 편의 드라마다!

09

대화의
'대본'을 준비하라

'업무에 대한 긴장감을 살짝 벗어던지고 고객과 격의 없는 대화를 즐긴다.'

이처럼 편안한 분위기에서 서로의 마음을 여는 것도 회식의 중요한 역할 가운데 하나입니다. 그런데 성과를 내는 사람은 '두서없는 잡담을 나누며 즐겁게만 마시면 된다.'라고 생각하지 않습니다. 회식은 하나의 '무대'이므로 주고받을 대사까지 완벽하게 준비한 뒤 공연에 돌입합니다.

광고를 낼 가능성이 있는 클라이언트를 회식에 초대했다고 가정해봅시다. 우리 쪽 멤버는 편집장인 저와 클라이언트를 모시고 온 광고 영업 담당자입니다. 클라이언트는 잡지에 광고를 할지 말지 망설이는 상태이고요.

도가 편집장: (클라이언트에게) 그 정도 예산이면 상품 소개에 지면 2페이지 정도를 할애할 수 있을 것 같습니다.

영업 담당자: (역시 클라이언트를 바라보며) 잠깐만요. 편집장님은 2페이지라고 말씀하시지만, 제가 편집장님을 설득해서 3페이지로 늘려보겠습니다.

도가 편집장: (영업 담당자에게 큰 목소리로) 이봐! 그렇게 자네 멋대로 말하면 어떡해?

영업 담당자: 죄송합니다, 편집장님. 그래도 제 얼굴을 봐서 3페이지로 부탁드리면 안 되겠습니까?

'이 광고 예산으로는 2페이지밖에 쓸 수 없다.'라고 말하는 저를, 같은 편인 영업 담당자가 '어떻게든 3페이지로 늘려달라.'고 설득하는 구조입니다. 저는 영업 담당자의 돌발 행동에 살짝 당황해서 멋대로 말하지 말라며 화를 내기도 합니다. 그러면 회식 자리에 약간의 긴장감이 감돌고, 클라이언트 중에는 "자자, 그만해요."라며 오히려 우리를 말리는 사람도 있습니다.

하지만 이 모든 것은 영업 담당자와 제가 사전에 짜놓은 대본입니다. "내가 이렇게 말하면, 자네는 이렇게 대답해.", "이 부분의 대사가 중요하니까 더 큰 목소리로 강조해."라는 식으로 약간의 '연기 지도'를 하기도 합니다.

이처럼 회식은 한 편의 '무대'이며, 대화에는 '대본'이 존재합니다.

흥정을 한다면 드라마틱하게!

이런 대화 장면을 본 클라이언트는 어떤 생각을 할까요?

대부분의 클라이언트는 고개 숙인 영업 담당자를 보며 '이 담당자는 우리(클라이언트)를 위해 편집장에게 혼날 각오까지 하고 얘기해주는군. 일을 참 열심히 하는 사람이구나.'라고 생각할 것입니다. 그 영업 담당자는 클라이언트에게 좋은 인상을 남긴 셈이지요.

그리고 다음 날 아침, 클라이언트에게 영업 담당자의 안부 메일이 도착합니다.

"안녕하십니까? 어제는 잘 들어가셨는지요? 페이지 수는 편집장님도 별다른 말씀이 없으셨으니 걱정하지 마십시오. 꼭 3페이지로 진행시키겠습니다."

게다가 참조에는 편집장인 저도 넣어서 실현 가능성이 있는 이야기라는 점을 인지시켜줍니다. 이 정도까지 하면 대부분의 클라이언트는 광고를 내는 것에 대해 긍정적으로 검토할 수밖에 없습니다. 회의실에서 이런 연극을 연습하다 보면 쑥스러움을 이기지 못해 부자연스럽게 구는 사람들이 있습니다. 하지만 술자리에서는 이 정도의 연기만 보여줘도 의외로 괜찮은 반응이 나옵니다. 클라이언트의 눈에는 오히려 드라마틱하게 비춰지기도 하지요.

'정말 그렇게까지 해야 하나?' 하고 생각하는 사람도 있겠지요. 방금 전의 상황은 다소 극단적인 면이 없지 않습니다만, 회식은 성과로 이어지지 않으면 의미가 없습니다. 게다가 어떤 비즈니스나 많든 적든 흥정은 있게 마련입니다. 어차피 흥정을 해야 한다면, 전략적으로 회식 자리를 슬기롭게 이용해야 하지 않을까요.

결국 도장을 찍게 만드는 술자리 비즈니스 골든 팁! ··················
회식은 성과로 이어지지 않으면 의미가 없다. 상대에게 어필할 수 있는 '대본'을 먼저 구성한다!

<u>10</u>

'조연'이 활약하는 무대일수록
걸작이 나온다

조연이 매력적일수록 연극이나 드라마는 재미있어집니다. 회식도 마찬가지입니다. 평범한 회식도 '조연'이 활약하면 결과가 바뀝니다.

주연을 맡은 중심인물이 정해진 대사와 마무리 발언을 정확히 하는 것은 당연합니다. 하지만 주연만 대사를 하며 중요한 장면을 전부 독식하는 회식은 바람직하지 못합니다. 앞의 연극을 예로 들어보자면 편집장인 제가 우리 쪽 주연이고, 영업 담당자가 조연이라고 할 수 있지만, 핵심 장면은 "편집장님을 설득해서 어떻게든 3페이지로 만들어보겠습니다."라고 말한 영업 담당자가 소화해내고 있지요.

회식은 팀워크가 중요합니다. 각자가 역할을 분담하고 소화해 최종적으로는 성과를 내는 것이 목적입니다. 이를 위해 때로는 조연이 '주연 역할'을 맡는 것도 괜찮습니다.

종종 주연인 상사만 눈에 띄는 회식 장면을 보게 되는데, 부하 직원이 옆에서 맞장구만 치는 모습을 보고 있자면 참으로 안타깝습니다. 성과를 내는 상사는 '부하 직원에 대한 평가가 곧 상사에 대한 평가'라는 사실을 이해하며, 조연이 돋보이는 회식을 연출합니다.

결국 도장을 찍게 만드는 술자리 비즈니스 골든 팁! ....

'주연'인 상사만 떠드는 회식은 쓸모없다. '조연'인 부하 직원을 빛나게 만든다!

11

'등장인물'의
배경을 살펴라

상대를 매료시키는 '대본'을 쓰려면 사전에 등장인물, 즉 상대방의 배경을 철저하게 조사할 필요가 있습니다. 다시 앞의 예를 들자면, 아무리 우리가 대본대로 연기했더라도 애초에 클라이언트에게 광고를 집행할 예산이 없다면 의도를 살릴 수 없겠지요. 또한 클라이언트에게 예산이 1,000만 원이 있는지, 1억 원이 있는지에 따라 대본의 효과도 달라지게 마련입니다.

빠듯한 예산을 쪼개 1,000만 원의 광고 예산을 집행하는 클라이언트라면 '1,000만 원으로 기대 이상의 광고를 집행할 수 있게 되었군.'이라며 행운으로 생각하겠지만, 1억 원의 광고 예산을 가진 클라이언트라면 '고작 1,000만 원으로 2페이지 분량을 3페이지로 늘렸으니 땡잡았군.'이라고 생각할 것입니다. 이런 경우엔 좀 더 많은 예산을 확보할 수 있는 대본을 쓰는 편이 좋겠지요.

이런 착오를 피하기 위해서라도 우리는 클라이언트와의 사이에 있는 광고 에이전시 영업 담당자에게 다음 사항을 철저하게 물어봅니다.

"예산은 얼마 정도입니까?"

"주요 인사는 누구입니까?"

"상대방은 얼마나 진지합니까?"

이처럼 상대의 배경을 파악해둔 다음에야 비로소 성과로 이어지는 대본을 만들 수 있습니다.

'근거 없는 회식'은 하는 게 아니다!

가장 해서는 안 될 행동 중 하나가 바로 패배가 결정된 전쟁에 상사를 부르는 것입니다.

저도 광고 영업 담당자나 부하 편집부원의 부탁을 받아 클라이언트와의 회식에 동행하곤 합니다. 그런데 실제로 뚜껑을 열어보면 상대에게는 애초에 광고를 집행할 예산이 없었다거나, 마주 앉은 상대가 전혀 결재권이 없는 사람인 경우가 종종 있습니다.

이는 '회사 경비로 맛있는 음식을 먹어서 좋았다'라는 이야기로 끝나지 않습니다. 회사의 예산을 함부로 낭비하는 행동은 결국 자신의 목을 조르게 되니까요.

회식은 성과를 내기 위한 자리이므로 절대 '근거 없는 회식'을 해서는 안 됩니다. 특히 상사를 데리고 회식을 주최할 때는 '돈을 끌어 모을 가능성이 있다'라는 점을 확실하게 전제해야 합니다. 그 '근거'가 발견되지 않으면 회의실에서 이야기를 나누는 것만으로도 충분합니다.

회식을 주최하기 전에는 반드시 상대의 배경을 자세히 조사하도록 하십시오.

결국 도장을 찍게 만드는 술자리 비즈니스 골든 팁! ....
상대를 알면 성과가 보인다. 회식 전에 상대를 철저하게 조사한다!

12

15분 전에
'리허설'을 하라

저는 회식 스케줄이 잡히면 반드시 멤버들과 사전 모임을 가집니다. 함께 택시나 지하철로 이동할 경우에는 그 시간에 '대본' 등을 확인합니다. 만약 약속 장소에서 곧바로 만나기로 했다면, 회식 15분 전에 근처 카페 등에서 만나 입을 맞춥니다. 자신의 역할과 해야 할 대사, 해서는 안 될 대사 등을 재확인한 뒤 회식에 참석하면, 그 자리의 질이 좋아질 뿐만 아니라 일의 결과도 달라집니다.

저는 설령 회식 일주일 전에 사전 모임을 가졌다하더라도, 꼭 약속 시간 직전에 다시 대본을 확인합니다. 사람의 기억력은 의외로 불확실한데다, 본무대에서 술을 마시면 더욱 주의가 필요하니까요.

　이렇게 꼼꼼히 리허설을 하는 이유는 우리 회사 사장이나 상사와 동행할 때에도 마찬가지입니다. 해줬으면 하는 말을 사전에 약속받거나, "오늘 상대편인 A사에는 ○○ 건으로 크게 신세를 진 바 있습니다."라고 최소한의 정보를 전달합니다. 그러면 사장이나 상사의 입에서 자연스레 감사 인사가 나오게 되어 있고, 이 과정을 통해 상대방에게 좋은 인상을 줄 수 있습니다.

결국 도장을 찍게 만드는 술자리 비즈니스 골든 팁! ....
　사장이나 상사는 단순한 장식이 아니다. 성과를 내기 위해 미리 '대본'을 전달하고 역할을 부여한다!

술
자
리
도
능
력
이
다

13

건배할 때는
'감사의 표시'를 하라

저는 회식 때 웃음꽃이 피어나는 흥겨운 대화를 나누려고 노력합니다. 처음부터 업무 모드로 돌입해 딱딱한 분위기를 만들면, 상대방은 '대체 얼마나 큰 부탁을 하려는 거지?' 하고 생각하며 부담을 느끼기 때문입니다.

비즈니스 회식은 밝고 즐거운 분위기가 기본입니다. 단, 사람들이 자리에 앉은 후 건배할 준비가 끝나면 잠깐 긴장된 공기를 만들 필요는 있습니다. 구체적으로 말하자면, 건배할 때 상대방에게 '늘 신세지고 있다'라는 감사의 뜻을 간결하게 전하는 것입니다.

"어제는 ○○님 덕분에 실적이 18%나 올랐습니다."

"10월의 ○○이벤트는 덕분에 성황리에 끝났습니다."

다시 말해 '저는 당신의 은혜를 전부 기억하고 있습니다.'라는 메시지를 보내는 것이지요. 그러면 우리 쪽의 성의가 맞은편에게 전달되어, 상대방과 나 사이에 아무 문제도 없다는 인상을 줄 수 있습니다.

이렇게 대화는 강약 조절이 중요합니다.

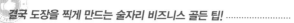

결국 도장을 찍게 만드는 술자리 비즈니스 골든 팁! ·······················

"수고하셨습니다."라고만 하는 건배사는 의미가 없다. 상대방에게 고마움을 표하는 건배사를 건넨다!

14

화젯거리는
페이스북에서 찾아라

"회식 때 무슨 말을 하면 좋을지 모르겠어요."

"자꾸만 대화의 맥이 끊겨서 분위기가 서먹해집니다."

일을 하다 보면 이런 고민 상담을 자주 받습니다.

지금까지 저는 대화의 '대본'을 사전에 준비해두라고 말씀드렸습니다. 하지만 그 '대본'에 있는 건 업무 성과에 직결되는 중요한 대사나 상대방에게 반드시 전해야 하는 말일 뿐입니다. 내사가 따로 정해져 있지 않은 시간에는 즐거운 대화를 나눌 수 있는 토크 능력이 필요하지요.

저는 대화를 잘 이끌어나가지 못하는 이들에게 "상대의 페이스북을 확인해보세요."라고 조언합니다. 많은 사람이 SNS를 통해 스스로의 정보를 흘리고 다니는 시대인 만큼, 그 정보를 유용하게 활용하는 게 좋겠지요.

"참 부장님, 요전에 직접 만든 오믈렛 사진을 SNS에 올리셨지요. 점심 때 봐서 배가 꼬르륵거렸습니다."

"어제 골프 치러 가셨지요? 시작한 지 얼마나 되셨나요?"

페이스북과 같은 SNS에 올라온 글이나 사진을 체크한 뒤 이런 식으로 대화를 전개해나가면 대부분의 상대는 기뻐하며 이에 적극적으로 반응합니다. 기본적으로 SNS에 올라오는 글은 누군가에게 밝히고 싶은 내용이나 공유하고 싶은 이야기이기 때문이지요. 따라서 대화의 실마리를 만들어주기만 하면 상대방은 기다렸다는 듯이 하고 싶었던 얘기를 쏟아낼 것입니다.

단, SNS를 보며 체크할 내용은 두세 가지로 충분합니다. 상대방에 대해 무엇이든 다 알고 있다는 인상을 풍기면 스토커처럼 보여서 오히려 불쾌해할 수도 있습니다.

상대가 좋아하는 것을 '경청'한다!

반대로 상대가 SNS를 하지 않는 경우도 있겠지요. 그럴 땐 기본으로 돌아가서 상대방의 이야기를 '경청'하는 게 서로의 거리를 좁힐 수 있는 가장 좋은 방법입니다.

술자리도
능력이다

특히 상대가 좋아하는 분야와 흥미를 묻는 게 중요합니다. 예를 들어 자전거를 좋아하는 사람과는 자전거 이야기를, 골프를 좋아하는 사람과는 골프 이야기를 나누는 게 분위기를 띄우는 요령입니다.

절대 해서는 안 될 가장 나쁜 행동은 상대방의 화제를 빼앗는 것입니다. 상대방이 "주말에 골프를 치러 가서……"라고 이야기를 시작했는데, "저는 주말에 산에 다녀왔습니다."라고 화제를 전환하면 상대방과의 거리는 단번에 멀어지고 맙니다. 상대가 골프 얘기를 꺼냈다면,

"어느 코스로 가셨어요?"

"스코어는 어느 정도세요?"

이런 식으로 질문하면서 이야기를 가까운 쪽으로 이끌어보세요. 사람은 누구나 자신의 이야기를 잘 들어주는 사람에게 호감을 가지는 법입니다. 아무리 화술에 자신이 없는 사람이라도 이야기를 들어주는 일은 어렵지 않겠지요.

결국 도장을 찍게 만드는 술자리 비즈니스 골든 팁! ·····················

상대방의 화제를 빼앗지 않는다. 잘 들어주는 사람에게는 결정적인 말을 꺼낼 기회가 오는 법이다!

15
좋은 이야기는
'메모해도 됩니까?'

　회식은 업무의 일환으로써 전략적으로 참가해야 하지만, 시종일관 일 이야기만 하면 긴장이 풀리지 않아 상대방과의 거리를 좁힐 수 없습니다. 물론 식사 도중 기획서를 꺼내거나 수첩을 꺼내는 행동도 기본적으로는 안 하는 게 좋습니다.

　단, 상대와의 거리를 좁히기 위해 전략적으로 수첩을 꺼내는 행동은 효과 좋은 테크닉이라고 볼 수 있습니다.

　이를테면 결재권을 가지고 있는 상대 측 주요 인사가 도움이 될 만한 이야기나 인상적인 말을 했다면, "잠깐 실례합니다." 하고 다소 과장되게 대화를 멈춘 뒤 수첩과 펜을 꺼냅니다. 그리고 "지금 하신 말씀, 잊어버리지 않도록 메모해도 됩니까?"라고 말하며 적어둡니다. 이런 말을 들으면 상대방은 속으로 기뻐하며 '좀 더 얘기해주고 싶다.'라고 생각하게 되겠지요.

부자연스럽게 이런 말을 반복하는 건 금물이지만, 진심으로 좋은 이야기라는 생각이 들었다면 가볍게 이런 상황을 연출해보는 것도 나쁘지 않은 방법입니다.

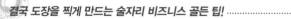

결국 도장을 찍게 만드는 술자리 비즈니스 골든 팁! ....

대화에 집중하는 척만 하지 않는다. 좋은 이야기를 들으면 자연스럽게 펜과 종이를 꺼내 메모한다!

16

야한 유머를
'입가심'으로 써라

업무 관련 회식에서도 저는 '야한 유머'를 합니다.

야한 유머는 리스크가 너무 크니 업무 관계자와의 회식이나 접대 자리에서는 안 하는 편이 좋다는 의견도 있습니다. 상대를 잘못 고르거나 도가 지나치면 '변태'로 낙인찍힐 위험도 있지요.

그렇지만 저는 역시 적절한 야한 유머가 상대와의 거리를 좁힐 수 있는 양념 역할을 한다고 믿습니다. 그래서 항상 야한 유머를 세 가지 정도는 머릿속에 넣어두고 회식에 참가합니다.

물론 흑심이 그대로 드러나는 지나친 음담패설이나, 때와 장소를 구분하지 못하는 상스러운 농담은 당연히 해서는 안 됩니다. 카레를 먹는데 배설물 이야기를 들으면 누구라도 기분이 상하겠지요.

그러나 누구에게도 상처를 주지 않는 재미있는 유머라면 회식 자리의 분위기를 환기시키는 청량제 같은 역할을 기대할 수 있습니다. 야한 유머를 코스 요리에 비유하자면, 생선 요리와 고기 요리 사이에 나오는 '입가심 요리' 같은 존재라 할 수 있지요. 실제로 야한 유머는 만국 공통의 화제이므로 침체된 분위기를 밝게 띄우고, 친근함을 느끼게 해서 인간관계를 돈독하게 만드는 힘이 있습니다.

단, 야한 유머가 효과를 발휘하기 위해서는 성과의 80%에 해당하는 업무 내용이 제대로 갖추어져야 합니다. 기존에 맞춘 '대본'대로 구성원들도 제 역할을 다해야 하고요. 야한 유머는 어디까지나 입가심이지 메인 요리가 아니기 때문입니다.

야한 유머로 아무리 상대를 재미있게 만들어도, 그것뿐이라면 그 회식은 실패한 회식입니다.

야한 유머는 '실수담'이 무난하다!

그렇다면 구체적으로 어떤 야한 유머가 바람직할까요? 가장 성공률이 높은 이야기는 자신의 실수담입니다.

"이 가게 옆 골목이 홍등가인 거 아셨어요? 그쪽으로 잘못 들어가면 큰일 납니다. 15년쯤 전에 저도 잘못 들어간 적이 있거든요. 그때 ○○한 일이 있어서 낭패를 봤어요."

자신의 실수담이라면 상대의 기분을 상하게 하는 일 없이 웃어넘길 수 있습니다. 그러나 여성이 동석한 자리라면 어지간히 친한 사이가 아닌 이상, 앞의 예와 같은 '성(性)적인' 화제는 피하는 편이 무난합니다. 그래도 여성 앞에서 우스갯소리를 하고자 한다면 화장실 에피소드가 제격입니다.

"좋아하는 사람이랑 레스토랑에서 데이트를 했는데, 그녀가 얼굴을 붉히기에 오늘 밤은 성공하겠다 싶었지요. 그런데 실은 화장실에 다녀왔을 때부터 쭉 제 남대문이 열려 있었던 것뿐이더라고요."

야한 유머는 상대방이 누구인지, 어떤 타이밍인지에 따라 주의할 필요가 있습니다. 하지만 그만큼 효과도 커서 맞은편에 앉은 사람을 웃길 수만 있다면 인간적인 매력으로 받아들여질 가능성이 높습니다. 야한 유머를 잘 닦고 연마해서 도전해보시기 바랍니다.

결국 도장을 찍게 만드는 술자리 비즈니스 골든 팁! ....

웃지 못할 음담패설은 자신의 밑바닥을 보여줄 뿐이다. 반대로 절제되고 고급스러운 야한 유머는 인간적인 매력으로 이어진다!

술자리도 능력이다

17
일부러
'경쟁 기업의 성공 사례'를 꺼내라

'회식 때 고객의 경쟁 기업 이야기를 꺼내는 건 금물이다!'라는 생각이 일반적인 사고방식일지 모릅니다. 확실히 경쟁사에 관한 대화는 상대방에게 실례가 될 우려가 있으며, 그 회사의 험담이 나오는 등 이야기가 부정적으로 전개될 가능성이 높습니다. 최악의 경우 상대방이 '이 사람은 다른 자리에서 우리 회사 험담도 할 것 같아. 믿음직하지 못하군.'이라고 생각할 수도 있고요.

하지만 그 내용이 긍정적인데다 업무 성과로 이어질 가능성이 있다면, 일부러 경쟁 기업의 이야기를 꺼내는 것도 '테크닉'입니다.

안 되는 것! 말하면 말해야 할 것, CHAPTER2

저는 브랜드 기업의 광고 담당자에게 이벤트 기획을 제안할 때, 곧잘 라이벌 브랜드의 성공 사례를 이야기합니다. 단, "○○사와는 이런 방법으로 함께 이벤트를 주최해서 성공했습니다."라고 말하는 건 '경쟁사와 똑같이 해주세요.'라는 메시지가 되니 실례지요. 이럴 땐 "귀사의 장점을 살려서 이 부분을 이렇게 바꾸면 더 효과적일 것 같습니다."라고 구체적인 계획을 제안할 필요가 있습니다. 이렇게 경쟁사와의 차별점을 명확히 부각시키면 상대방도 제안을 수락하기 쉬워지지요.

결국 도장을 찍게 만드는 술자리 비즈니스 골든 팁! ······················

경쟁 기업이나 라이벌의 험담을 하는 건 금물이다? 그 내용이 긍정적이고 발전적이라면 오히려 도움이 된다!

술자리도 능력이다

18

여섯 명까지는
하나의 화제로 대화를 나누어라

회식 참가자가 네 명 정도면 다 같이 단일한 화제로 즐겁게 대화를 나눌 수 있습니다. 그런데 여섯 명 정도가 되면 3대 3이나 4대 2로 대화 그룹이 나뉘는 경우가 발생합니다. 여덟 명쯤 되면 큰 소리로 이야기를 해야 하기 때문에 어쩔 수 없이 그룹을 나누기도 합니다.

그러나 여섯 명까지는 하나의 화제에 집중해 이야기를 나누는 게 원칙입니다. 상대 측 주요 인사가 발언할 때 구석에 앉은 우리 쪽 멤버가 다른 이야기를 하고 있으면, 아무래도 좋은 인상을 얻을 수 없겠지요. 누구든 자기 이야기를 들어주지 않는 건 기분 상하는 일입니다. 만약 업무 관련 회식이라면 대각선으로 말을 걸 수 있는 인원까지가 최대 인원이라고 보면 좋습니다.

회식 멤버는 업무 성과를 내는 것이 목표인 '팀'입니다. 대화를 나눌 때에도 저마다의 역할을 완수하며 팀 내 협동이 이루어지고 있음을 상대방에게 어필하면 '팀워크가 좋다'라는 인상을 전할 수 있습니다. 그리고 이는 곧 업무에 대한 신뢰로 이어집니다.

결국 도장을 찍게 만드는 술자리 비즈니스 골든 팁! ....

가까운 자리에 있는 사람하고만 이야기를 나누는 건 금물이다. 최대한 시선을 넓게 펼치고 주요 인사의 목소리에 귀를 기울인다!

19

음식점을 선택한
'스토리'를 얘기하라

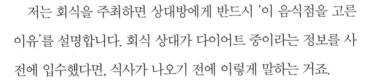

저는 회식을 주최하면 상대방에게 반드시 '이 음식점을 고른 이유'를 설명합니다. 회식 상대가 다이어트 중이라는 정보를 사전에 입수했다면, 식사가 나오기 전에 이렇게 말하는 거죠.

"오늘 ○○ 씨를 이 가게로 안내한 이유는 여기 음식이 버터를 넣지 않기 때문입니다. 몸에 좋고 살도 찌지 않는다고 평판이 자자하거든요."

이런 말을 들은 상대는 '나를 이렇게까지 배려해주다니.', '오늘 회식은 부담 없이 즐겨도 되겠어.'라며 기뻐할 테고, 나아가 '이 사람은 업무를 볼 때에도 나를 세심하게 배려해줄 게 틀림없어.'라고 생각할 것입니다.

이 밖에도 '이 음식점은 ○○ 씨 댁까지 지하철 환승 없이 한 번에 갈 수 있으니까', '○○ 씨는 이탈리안 요리를 좋아하니까 꼭 소개하고 싶어서'라는 이유를 들어도 좋습니다.

'상대를 위해 음식점을 골랐다'는 이야기는 곧장 신뢰 관계 구축으로 이어집니다.

결국 도장을 찍게 만드는 술자리 비즈니스 골든 팁! ....

아무 생각 없이 음식점을 고르는 건 예의가 아니다. 상대방의 정보를 먼저 입수한 뒤 그 입맛에 맞는 음식점을 고르는 게 배려다!

술자리도 능력이다

20

점원보다 더 자세히 메뉴를 파악하라

상대방을 기쁘게 하려면 가게 메뉴에 대해 약간의 설명을 곁들이는 것도 효과적입니다. 예를 들어 고깃집에 갔다면 "이 갈비는 1^{++} 등급 소고기입니다.", "소 한 마리당 얼마 나오지 않는 살치살 부위입니다."라고 음식에 대한 소개를 하는 게 좋습니다. 한국 음식점에 갔다면 "이 집 막걸리는 드물게 일본에서 주소한 겁니다. 세나가 신선도를 까다롭게 따져서 세조일로부터 2주 이내의 것만 판매합니다."라고 말하며 병의 제조일자를 보여주는 식이지요.

이렇게 메뉴 설명을 두세 가지 할 수 있으면, 그 자체로 요리가 더 맛있게 느껴지기도 하고 화젯거리도 풍부해집니다. 상대

역시 '진짜 단골집에 데려와줬구나.'라며 특별 대접을 받은 듯한 기분을 느끼게 되지요.

가게 점원들은 요리에 대한 설명을 해주는 경우가 거의 없습니다. 그러므로 점원보다 메뉴를 더 자세히 파악한다는 생각으로 사전에 정보를 조사해두도록 하십시오.

와인보다 소주를 설명하라!

회식에서 빠질 수 없는 것이 바로 술입니다. 기왕이면 어떤 술을 좋아하는지 미리 조사해서 그에 걸맞은 술을 내놓는 것이 좋겠지요. 하지만 와인에 대한 설명만은 자제하는 편이 좋습니다. 와인에 해박하다는 사실만으로도 '왠지 마음에 안 드는 녀석이다.', '허세가 몸에 밴 친구로군.'이라고 생각하는 사람들이 있습니다. 설명은 친근하면서도 잘 아는 음식이 나올 때 덧붙이는 편이 좋습니다. 같은 술이라면 맥주나 소주 쪽에 더 호감을 가지는 사람이 많겠지요.

결국 도장을 찍게 만드는 술자리 비즈니스 골든 팁! ....

거만한 태도로 와인에 대해 아는 척하지 않는다. 오히려 친근한 소주나 맥주가 거부감을 느끼지 않을 확률이 높다!

스탠딩 파티는 비용 대비 효과가 낮다!

　많은 사람이 모이는 스탠딩 파티도 회식의 일종입니다. 그러나 회식이 성과를 내기 위한 과정이라는 측면에서 보자면, 스탠딩 파티는 그 효과가 적다고 단언할 수 있습니다.

　특히 파티 주최자와의 만남이 목적일 경우는 더욱 그렇습니다. 예를 들어 차후 업무 연결 고리를 만들기 위해 꼭 만나야 할 사람이 주최한 스탠딩 파티에 참가했다고 상상해봅시다. 그런데 그 파티장에 모인 사람 중에서 그 사람을 반드시 만나야 하는 사람은 당신만이 아닙니다. 아니, 파티장에 모인 대부분의 사람이 그 주최자를 업무적인 이유로 만나고자 하죠. 그들은 주최자와 명함을 교환하거나 대화를 나누고 싶어서 열을 지어 기다리고 있습니다. 30분 동안 순서를 기다려봤자 대화를 나눌 수 있는 건 고작 1분 정도에 불과합니다.

　곤란한 건 주최자도 마찬가지입니다. 몇십 명이나 되는 참가자와 만나다 보니 처음 보는 사람의 얼굴과 이름을 외우기가 보통 어려운 일이 아닙니다. 대화 내용도 기억하기 어렵고요.

이런 상황에서 자신의 존재감을 각인시키거나 구체적인 업무 이야기를 나누는 건 쉬운 일도, 현명한 일도 아닙니다.

또한 스탠딩 파티에서는 차분하게 식사나 술을 즐길 수 없어서 비싼 돈을 내고 참석해도 금액에 걸맞은 대접을 받기 어렵습니다.

이렇게 불리한 상황을 각오하고 스탠딩 파티에 참석했다면, 재빨리 명함 교환이나 인사를 끝내고 마무리를 짓도록 합시다. 극단적으로 말해 '목표로 삼은 인물과 눈을 마주쳐서 참가했다는 사실만 어필'할 수 있으면 되는 겁니다. 애초에 스탠딩 파티로 성과를 내려는 의도 자체가 잘못입니다. 스탠딩 파티에서는 다음 기회를 얻을 수 있는 계기를 만드는 것만으로도 감지덕지입니다.

명함 교환에 성공했다면 "어제는 초대해주셔서 감사했습니다. 저는 명함을 교환했던 ○○○입니다. 이러이러한 아이디어를 가지고 있는데, 언제 한번 시간을 내어주실 수 있는지요?" 하고 정중하면서도 구체적으로 메일을 보냅니다. 만약 답이 없다면 만나지 못할 것을 각오하고 상대의 회사에 약속 없이 찾아가 명함을 두고 오는 등 존재감을 각인시킬 수 있는 방안을 강구하는 게 좋습니다.

Chapter 3

성과를 내는
남자만의
특급 배려!

21

회식의 '주인공'을
기억해라

회식을 할 때 절대 잊어서는 안 되는 원칙이 있습니다. 그것은 바로 고객을 무대의 '주인공'으로 내세우는 일입니다.

가령 우리가 클라이언트 기업과 회식을 한다면 편집부 측 주연은 편집장인 제가 되겠지요. 그러나 회식이라는 무대의 주인공은 어디까지나 결재권을 가지고 있는 상대 측의 주요 인사입니다. 설령 우리 쪽에서 회식 비용을 지불한다 할지라도, 광고를 위해 돈을 내주는 클라이언트가 더 중요하므로 반드시 상대를 치켜세워야 합니다.

이때 저는 철저하게 '연출가'의 역할에 몰두합니다. 음식점을 고를 때는 상대방이 특별히 선호하는 음식이 있는지, 아니면

술자리도 능력이다

못 먹는 음식은 없는지 미리 파악하고 되도록이면 맛까지 고려해서 선택합니다. '그런 건 당연한 얘기다.'라고 생각할지도 모르겠군요. 하지만 평소에도 주의하지 않으면 예기치 못한 결례를 범하여 상대를 주인공으로 만드는 데 실패하게 마련입니다.

저는 항상 편집부원들에게 "고객을 주인공으로 만들어!"라고 입이 닳게 말합니다. 그러나 그런 저도 무의식중에 실수를 할 때가 있습니다.

한번은 클라이언트 기업의 사장을 접대하는 회식 자리에서 이런 일이 있었습니다. 회식 멤버는 우리 회사 사장과 저(편집장), 광고 영업자, 그리고 젊은 편집부원 네 명이었지요. 그날은 분위기가 나쁘지 않아서 모처럼 샴페인으로 모임을 축하하자는 이야기가 나왔습니다. 우리는 점원을 불러 고급 샴페인을 시켰고, 다 함께 건배를 했습니다.

거기까지는 좋았습니다. 그런데 잔을 비운 영업 담당자와 편집부원이 클라이언트 사장 앞에 놓인 샴페인을 연달아 따라 마시기 시작했습니다. 그 친구들이 '주인공은 고객'이라고 생각했다면 해서는 안 될 행동이었지요.

고급 샴페인은 가격도 가격이지만, 맥주나 소주와는 달리 특별한 손님을 위한 특별한 술입니다. 고급 샴페인을 주문한 이유도 그분의 참석을 기리기 위한 것이었고요. 그럼에도 불구하고 직원들이 샴페인을 모두 마셔버리다니, 정말 기가 찰 노릇이었습니다. 만약 회식의 주인공이 강하게 권했다면 이야기가 다르겠지만, 기본적으로 고급 술은 주인공을 위해 남겨두고 조연들은 "저는 술을 잘 못해서 맥주를 마시겠습니다.", "저는 입맛에 맞는 소주를 마시겠습니다."라며 다른 종류의 술을 주문하는 것이 매너입니다.

식사 속도도 고객에게 맞추는 것이 정답!

고객은 '주인공'입니다. 그러므로 식사 속도도 주인공에게 맞추는 게 정답입니다. '조연' 중에는 대화에 자연스럽게 끼어들지 못하고 혼자 식사를 하거나 술을 빨리 마시는 사람이 있는데, 이 또한 상대에 대한 예의가 아닙니다.

더불어 담배를 피우기 위해 자리를 비우는 행동도 금물입니다. 고객이 담배를 피우러 가는 타이밍에 같이 움직이는 건 괜찮지만, 상대가 피우지 않는다면 참아야 합니다.

결국 도장을 찍게 만드는 술자리 비즈니스 골든 팁! ....
같이 일한다는 건 그만큼 손발을 맞춘다는 뜻이다. 술자리에서 술 마시는 속도를 맞출 수 있다면 업무에서도 충분히 손발을 맞출 수 있다!

술자리도 능력이다

22

상대방의
‘전철 라인에 있는 음식점’을 골라라

회식을 주최할 때는 상대 측 주요 인사가 사는 곳을 사전에 확인해두면 좋습니다. 여성의 경우엔 실례가 될 수 있으므로 집 근처의 역을 자세히 묻기보다 "몇 호선 타세요?", "댁이 어느 방면이세요?"라고 가볍게 물어보는 게 낫습니다. 본인에게 물어보기 어렵다면 함께 나온 다른 사람에게 물어보는 것도 방법이 되겠지요.

중요한 건 주요 인사가 귀가하기 편한 장소에 있는 음식점을 예약하는 것입니다. 이상적인 장소는 주요 인사의 회사와 자택 중간에 위치하고, 환승 없이 한 번에 갈 수 있는 곳이지요. 예를 들어 주요 인사의 회사가 도쿄 시나가와인데 회식 장소로 이케부쿠로를 선택했다고 칩시다. 주요 인사의 집도 이케부쿠로 역과 같은 라인이라면, 집에 갈 때 환승 없이 한 번에 갈 수 있을 것입니다.

그러나 주요 인사의 집이 시나가와 역과 같은 라인이라면, 그 사람은 집에 가기 불편하다고 생각할 것입니다. 시나가와 역과 이케부쿠로 역 둘 다 야마노테 선으로 연결되긴 하지만, 거의 반대편에 있으므로 적어도 30분 정도는 걸리니까요. 회식 후 또 다시 30분이나 걸려서 시나가와 역까지 돌아가는 일은 정말로 내키지 않을 겁니다.

여차하면 택시로 귀가할 수 있는 장소가 좋다!

제 경험상 상대가 회식에서 가장 걱정하는 건 귀갓길입니다. 술을 마신 뒤 몇 번이나 전철을 갈아타는 게 귀찮기도 하고, 술 취한 사람들 옆에 오랫동안 앉아 있는 일도 유쾌하지는 않으니까요. 만약 다음 날 오전 중에 중요한 업무 스케줄이 있다면 더더욱 스트레스 없이 귀가하고 싶겠지요.

그럴 때 환승 없이 귀가할 수 있거나 택시를 타도 가까운 곳으로 회식 장소가 정해지면, 귀갓길에 대한 걱정 없이 편안한 기분으로 회식을 즐길 수 있습니다. 그리고 무엇보다도 자신의 귀갓길까지 신경 써주는 상대에게 좋은 인상을 가질 게 틀림없습니다.

이처럼 회식 장소는 상대의 전철 라인에 있는 가게를 고르는 게 원칙입니다. 그 점을 알면서도 다른 위치에 있는 음식점을 골랐다면 그에 상응하는 이유가 있어야겠죠.

"야경이 근사한 자리라서 제법 힘들게 예약했답니다."

"여긴 처음 오는 사람은 받아주지 않는 특별한 가게라서 일부러 모시고 왔습니다."

"청주를 좋아하시는 ○○ 씨께 꼭 권해드리고 싶은 술이 있어서요."

이처럼 '자택 전철 라인'이라는 원칙을 깰 경우에는, 반드시 그 이유를 먼저 설명할 필요가 있습니다.

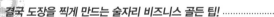

결국 도장을 찍게 만드는 술자리 비즈니스 골든 팁! ·····················

상대방의 귀갓길을 고려해서 적당한 회식 장소를 고른다. 작은 배려라도 상대방에게는 큰 감동으로 다가간다!

23

상대방이 원하는
리액션을 해라

앞에서 저는 "점원보다 더 자세히 메뉴를 파악하라!"고 말했습니다. 회식을 주최한 사람이 그 음식점의 메뉴나 술에 대해 설명해준다면 분명 상대방도 기뻐할 테니까요.

이는 회식에 초대받은 경우에도 마찬가지입니다. 그 음식점의 간판 메뉴나 특징을 파악해서 음식에 대한 감을 이야기해주면 상대를 기분 좋게 만들 수 있습니다.

저는 회식에 초대받으면 맛집 담당 기자나 편집자에게 정보를 물은 다음 그 자리에 참석합니다. 어떤 가게라도 반드시 주문하는 간판 메뉴가 있게 마련이니, 그 정보를 머릿속에 입력해두는 거지요.

만약 닭고기 물렁뼈를 넣은 미트볼이 유명한 가게라면 실제로 그 메뉴가 나왔을 때 이렇게 말합니다.

"미트볼이 정말 맛있네요. 특히 오독오독 씹히는 맛이 일품입니다. 혹시 여기에 물렁뼈가 들어가 있는 건가요?"

음식점을 고른 사람의 입장에서는 먼저 저의 구체적인 리액션에 감동하고, 그 다음엔 제 정확한 미각에 놀라겠죠. 이 음식점을 고른 자신의 센스에 만족할 수도 있고요.

이렇게 약속 장소에 대한 조사는 인터넷으로 3분도 걸리지 않으니, 실천하지 않을 이유가 없습니다.

결국 도장을 찍게 만드는 술자리 비즈니스 골든 팁! ⋯⋯⋯⋯⋯⋯⋯

누구나 자신의 노력을 구체적으로 알아줬으면 하는 마음이 있다. 단순히 "맛있네요."라고만 말하지 말고 어떤 점에서 감동을 받았는지 상세하게 묘사한다!

24
상대방의
생일을 기억하라

회식에 참가하기 전, 확인해야 할 사항이 하나 더 있습니다. 바로 '상대 쪽 사람들 중에 생일이 다가온 사람은 없는가?'입니다.

아무리 업무 성과를 내기 위한 비즈니스 회식이라지만 "이번 주가 생일이시죠? 미리 축하드립니다."라는 말을 들으면 기분이 좋아질 수밖에 없습니다. 나이를 먹으며 점점 '내 생일 같은 건 아무래도 귀찮다.'라고 생각하게 된 저도 회식 자리에서 축하를 받으면 상대방의 정성에 감동하게 되지요.

생일은 상대방의 페이스북이나 다른 SNS를 통해 간단히 엿볼 수 있습니다. 생일이 아직 지나지 않은 상태에서 한 달 이내라면 가장 좋겠지만, 넘겼더라도 1~2주 전이었다면 짧게라도 언급하는 편이 좋습니다.

비록 비즈니스로 맺어진 건조한 인간관계일지라도, 우리는 아직 이런 끈끈한 커뮤니케이션을 좋아하는 DNA를 가지고 있습니다. 작은 배려는 상대와의 거리를 단번에 좁힐 수 있는 지름길입니다.

결국 도장을 찍게 만드는 술자리 비즈니스 골든 팁! ·····················

SNS를 보면 그날 회식 상대의 기분도 대충 눈치챌 수 있다. 상대방의 기분에 맞추어 다양한 이벤트를 마련하는 것은 고급 비즈니스 테크닉이다!

회식 자리에서도
직위는 존재한다

"회식은 직위를 내려놓고 즐기는 파티다."

이런 말을 들을 때가 있습니다. 그러나 회식은 성과를 내기 위한 비즈니스의 장입니다. 그리고 업무의 연장인 만큼 당연히 '회식에서도 직위는 존재한다'고 단언할 수 있습니다. 회의 중 크게 하품하는 행동이 무례한 것과 마찬가지로, 회식에서도 지켜야 할 예의가 있고 룰이 있습니다.

회식 자리에서 과음을 하면 졸음을 못 이겨 하품을 하거나 속이 불쾌해 토할 듯한 메스꺼움을 느끼는 경우가 자주 발생합니다. 자기도 모르는 사이에 취해버리는 사람이 있는가 하면, 회사 돈이라고 벌컥벌컥 마셔대는 사람도 있습니다. 물론 상대는 이런 점을 전혀 문제 삼지 않겠지요. 하지만 속마음도 그럴까요? 마음속으로는 '이 사람에게 일을 맡겨도 괜찮을까?' 하고 걱정할 가능성이 큽니다. 우리의 목적은 회식에서의 신뢰감을 비즈니스의 신뢰감으로 연결시키는 것임을 잊어서는 안 됩니다.

또한 나이 어린 고객에게 반말을 하거나 '○○ 대리', '○○ 과장' 등 호칭을 짧게 부르는 것도 범하기 쉬운 실수입니다. 어지간히 친한 사이라면 이야기가 다르겠지만, 그렇지 않은 이상 고객을 불편하게 만들어서는 안 됩니다. 술자리에서 상대는 '고객'이라는 점을 절대로 잊지 않기 바랍니다.

결국 도장을 찍게 만드는 술자리 비즈니스 골든 팁! ....
상대방에게 함부로 반말을 하며 친한 척 하지 않는다. 상대방이 먼저 말을 편하게 하기 전까지는 깍듯하게 대하는 게 비즈니스다!

26

상석이 무조건
좋은 건 아니다

'윗사람이나 고객은 상석인 안쪽 자리에 모시고, 아랫사람이나 접대를 하는 사람은 말석인 바깥쪽에 앉는다'는 것이 일반적인 자리 예절입니다.

상대를 접대하는 사람은 기본적인 매너를 익혀두는 게 좋습니다. 상식도 모르고 행동하는 사람은 당연히 상대로부터 신뢰를 얻을 수 없겠지요.

그러나 일반적으로 옳다고 여겨지는 매너가 항상 최선이라고는 할 수 없습니다. 이를테면 회전 초밥집에서 회식을 할 때에는 안쪽에 앉는 게 늘 좋지만은 않습니다. 주방장 정면이나먼저 초밥을 집을 수 있는 구석 자리가 상석일지도 모르지요.

단, 이때에도 가급적이면 나란히 앉지 않고 반대쪽으로 마주보며 앉는 게 좋습니다.

택시도 일반적으로는 안쪽 자리를 권하는 게 매너지만, 치마를 입은 여성이 동석할 때에는 다릅니다. 이럴 경우엔 "(치마를 입어서) 타고 내리기가 불편하실 것 같은데, 제가 먼저 타도록 할까요?"라고 물어보는 게 현명하겠지요.

이처럼 성과를 내는 사람은 기본적인 매너를 익힌 뒤 상황에 맞춰 유연하게 행동합니다.

결국 도장을 찍게 만드는 술자리 비즈니스 골든 팁! ·······················

즐겁게 어울리는 회식 자리에서 무식하게 매너나 룰을 고집할 필요는 없다. 이런 자리에서 융통성이 없는 사람은 업무에서도 융통성을 발휘하지 못하는 경우가 대부분이다!

27

큰 접시에 나오는 요리는
점원에게 나눠달라고 하라

회식은 업무의 성과로 연결되는 자리인 만큼, 상대를 즐겁게 만들고 대화에 집중하는 일이 중요합니다. 그래서 저는 기본적으로 나눠 담아야 하는 요리는 주문하지 않습니다. 요리가 큰 접시에 담겨 나오면 각자의 분량에 맞게 나누는 데 정신이 팔려 대화에 집중할 수 없기 때문입니다. 오랜 시간 제가 직접 몸으로 체득한 노하우 중 하나이지요.

게다가 보통 그 자리의 막내가 음식을 나누는 역할을 맡는데, 나이가 적으면 값비싼 음식을 다뤄본 경험도 적어서 귀하고 맛있는 부분을 고객에게 전달하지 않고 자신의 접시에 담아버릴 가능성이 높습니다. 이런 친구들은 나눠 담는 솜씨도 서

툴러서 주방장이 애써 공들인 장식을 엉망으로 담기도 하고, 중요한 순간에 실수를 하기도 하지요.

요리를 나누느라 허둥지둥할 바에야 처음부터 따로 나오는 개인별 코스 요리를 주문하는 게 낫습니다. 만약 부득이하게 큰 요리를 주문해야 한다면 미리 점원에게 개인 접시에 나눠달라고 부탁하도록 하십시오. 별거 아니라고 생각할 수 있지만, 막상 비즈니스의 대화를 이어갈 때 이런 작은 부분들이 대화의 맥을 끊기도 합니다. 성과를 내는 사람들은 이런 디테일을 놓치지 않습니다.

결국 도장을 찍게 만드는 술자리 비즈니스 골든 팁! ⋯⋯⋯⋯⋯⋯

고급 요리는 직위가 높은 사람이 직접 나누도록 하자. 높은 사람이 음식을 건네어주면 상대방도 음식을 먹는 자세가 달라진다!

28

대접받는 자리에
'맨손'으로 나가면 안 된다

회식에 초대받았을 때에는 선물을 준비해 가는 것이 상식입니다. 그런데도 빈손으로 회식에 참석하는 사람이 놀랄 정도로 많습니다. 특히 젊은 사람들은 그런 상식을 아예 모르는지 '공짜로 얻어먹다니 운이 좋은데!'라고 생각해버리곤 합니다.

하지만 공짜보다 비싼 건 없습니다. 비용을 지불하는 입장에서는 어떻게 해서든 비즈니스 성과를 얻어내려 할 테고, 우리 쪽에서 뭔가 해주기를 기대할 것입니다. 그러므로 일방적으로 얻어먹는다는 것은 상대방에게 파고들 틈을 주는 것이나 마찬가지입니다. 제가 항상 선물을 준비하는 이유도 이처럼 상대방에게 틈을 주지 않기 위해서입니다.

특히 저보다 지위가 높거나 나이가 많은 클라이언트들은 꼭 그들이 비용을 지불하려 합니다. 원래는 접대하는 쪽에서 비용을 지불해야 하지만, 높은 사람의 뜻을 거스르기란 쉬운 일이 아니지요.

접대하는 자리인데도 이런 경우가 예상된다면, 역시 빈손으로 가는 일은 없어야 합니다. 선물을 못 받았다고 해서 속 좁게 토라지는 사람은 없겠지만, 잘 먹었다는 인사만으로 끝내는 사람과 "늘 신세가 많습니다."라며 선물을 건네는 사람에 대한 인상은 크게 다를 겁니다. 누구나 배려심 있는 사람과 일하고 싶어지는 법입니다. 선물을 준비했느냐의 여부가 업무 성과를 크게 좌우한다는 사실을 꼭 마음에 새겨두시기 바랍니다.

선물이 대화의 화젯거리가 되게 하라!

선물은 매너의 일부지만, 역할은 그뿐만이 아닙니다. 상대방과의 커뮤니케이션을 원활히 하기 위한 무기로서도 충분한 가치가 있습니다.

패션지 편집장을 맡고 있는 저는 여성 고객을 만나는 일이 많습니다. 저는 회식 도중 그녀들에게 핸드크림이나 영양제 등 미용 관련 제품을 종종 선물하곤 하는데, 대부분은 흥미를 보이며 매우 기뻐합니다. 이때 "최근에 출시된 주목받는 제품입니다."라고 덧붙이면 그 효과는 배가 되지요.

회식의 목적은 상대와 깊이 있는 커뮤니케이션을 나누면서 업무로 연관시키는 것입니다. 그리고 선물은 대화의 실마리를 풀기에 충분한 역할을 하죠. 보통은 헤어질 때 건네는 게 일반적이지만, 활발한 대화를 위해 선물을 준비했다면 도중에 건네도 좋습니다. 이는 회식을 주최하는 사람과 초대받은 사람 모두 쓸 수 있는 테크닉입니다. 특히 평범한 물건보다 스토리가 있는 물건을 선물하면 상대방은 매우 기뻐합니다.

"요즘 방송에 나와 인기를 끌고 있는 도넛이에요. 다섯 개 남은 걸 간신히 구했답니다."

"감기에 걸리신 것 같아서 영양 음료 세트를 사왔습니다."

"숙취를 방지해주는 드링크입니다. 먼저 드시지요."

이런 에피소드를 집어넣으면 자연스레 이야깃거리가 생겨서 상대방과의 거리를 좁힐 수 있습니다.

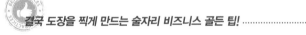

결국 도장을 찍게 만드는 술자리 비즈니스 골든 팁! ....

대접을 받을 때 감사 인사만 하는 건 예의가 아니다. 누구나 주는 만큼 받기를 바라므로 자리에 걸맞은 선물을 준비한다!

29

외국인은
'모국어 인사+α'로 대접하라

패션지는 해외 브랜드를 많이 다루므로 외국인 클라이언트와 회식을 하는 경우가 종종 있습니다. 그럴 때 저는 '상대방의 모국어 인사+α'로 고객을 맞이하려 노력합니다.

클라이언트가 프랑스 인이라면 "안녕하세요."로 시작해서 "제 이름은 도가입니다.", "오늘 와주셔서 감사합니다."라는 인사말까지 프랑스 어로 준비합니다. 저는 프랑스 어를 할 줄 모르지만, 인사만이라도 프랑스 어로 하면 상대가 기뻐할 뿐만 아니라 호감도도 상승하게 마련입니다. 통역은 그 뒤에 움직여도 늦지 않습니다.

결정타는 대화 도중에 그 나라의 모국어를 사용하는 것입니다. 예를 들어 프랑스 인에게 "이 회는 입맛에 맞으십니까?"라고 프랑스 어로 질문하는 것이지요. 반대로 생각해보십시오. 해외여행을 갔을 때 현지인이 더듬거리더라도 우리나라 언어로 말을 걸면 '나를 위해 일부러 외운 건가? 마음이 따뜻한 사람이군.' 하고 생각되지 않나요? 비록 미숙한 한 문장이라도 그 효과는 절대적입니다.

헤어질 때도 상대방의 언어로 "안녕히 가세요."라고 말하면 기뻐하며 포옹을 할지도 모릅니다.

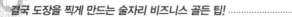

결국 도장을 찍게 만드는 술자리 비즈니스 골든 팁! ⋯⋯⋯⋯⋯⋯⋯⋯⋯⋯

통역에만 의지해 대화하지 않는다. 비즈니스 회식은 마음을 움직이는 자리다!

술자리도
능력이다

30

주머니에
신용 카드를 숨겨둬라

이쪽이 접대 비용을 지불하는 입장이라면, 영리하게 계산을 끝내는 것도 하나의 배려입니다. 상대가 눈치채지 못하게 미리 계산을 해두면 모양도 나고, 눈치가 빠른 사람이라는 인상도 줄 수 있습니다. 당연히 그 사람은 업무도 빈틈없이 처리할 게 분명하다고 생각하겠지요.

회식 자리에서 계산을 하기 위해 가방을 들고 자리를 비우거나 지갑을 꺼내면, 상대는 '내가 눈치 없이 너무 오래 앉아 있었나?' 하며 신경을 쓰게 됩니다. 회식 자리에서 존재감을 각인시키고 싶다면 계산할 때조차 상대방이 눈치채지 못하게 해야 합니다.

방법은 간단합니다. 신용 카드를 미리 주머니에 숨겨두었다가 화장실에 다녀오는 척하면서 계산하는 것입니다. 단, 이때 주의해야 할 점이 있습니다. 카드를 긁고 화장실에 갔는데, 점원이 영수증 사인을 받겠다며 자리로 오면 곤란하겠지요? 그러니 화장실이 정말 급할 때에는 화장실에 다녀온 다음에 계산을 하는 게 현명합니다. 아주 사소한 배려가 성과를 좌우합니다.

👍 **결국 도장을 찍게 만드는 술자리 비즈니스 골든 팁!** ········

계산하기 위해 가방이나 지갑을 뒤지지 않는다. 계산을 하기 위한 카드나 현금은 미리 꺼내어 주머니에 소지한다!

31

노래방에서는 '잘하는 것'보다
'재미있는 것'으로

회식이 끝난 뒤 2차로 노래방을 가는 경우가 종종 있습니다. 저는 개인적으로 노래방을 즐기지 않지만, 고객이 원하면 늘 군말 없이 따라갑니다.

노래방에서 범하기 쉬운 실수는 자신이 좋아하는 노래나 최신 유행가를 부르는 것입니다. 고객이 모르는 노래는 아무리 열창해봤자 분위기를 살릴 수 없습니다. 회식과 마찬가지로 노래방에서도 주인공은 어디까지나 '고객'입니다. 고객이 즐거워할 만한 노래를 부르는 게 원칙이지요.

두말할 필요도 없이 노래방에서는 '잘하는 것'보다 '재미있는 것'이 우선입니다. 노래방을 즐기지 않는 사람이라도 한두 곡은 부르는 게 예의이고요. 저 역시 마이크를 한두 번은 꼭 잡습니다.

제 애창곡은 마쓰다 세이코의 「붉은 스위트 피(赤いスイートピー)」와 안리의 「슬픔이 멈추지 않아(悲しみがとまらない)」 등 애잔한 추억을 불러일으키는 추억의 가요입니다. 이런 노래들은 연배가 높은 고객들도 충분히 알고 있으며, 언뜻 세련되어 보이는 제 이미지와도 상반되어 즐거움을 줄 수 있습니다.

고객이 생각하는 이미지를 깨부숴라!

노래방에서 '재미있게' 부르는 방법에는 여러 가지가 있습니다.

본인의 캐릭터를 깨부술 정도로 파격적인 노래를 부르는 것도 작전 중의 하나입니다. 성실한 이미지를 가진 사람이 신나고 빠른 노래를 춤추며 부르거나, 사교적이고 밝은 사람이 오래된 트로트를 구성지게 부르면 그것만으로도 그 자리의 흥은 크게 오릅니다.

자신이 가장 완벽하게 구사할 수 있는 노래를 하나 준비하는 것도 방법입니다. 누구도 선뜻 먼저 나서서 마이크를 잡지 못할 때, 자신이 준비한 노래로 분위기를 띄우십시오. 고객을 상대로 엔터테이너의 역할을 충분히 수행하면 존재감이 뚜렷이 각인

되어 업무 성과로 이어집니다.

젊은 친구들 중에는 종종 "노래를 못한다.", "아는 노래가 없다." 등을 이유로 노래방에 안 가려고 하거나, 노래방에서 노래는 하지 않고 앉아서 자리만 지키는 친구들이 있습니다. 하지만 고객의 입장에서 그런 대접을 받는다면 기분이 좋을리 없습니다. "아는 노래가 없다."는 핑계를 대기 전에 평소에 고객을 위한 노래 서너 곡은 준비를 해두는 것이 좋습니다.

젊은이들이 자주 오해하는 것 중에 하나가 "그렇게까지 해야 합니까?"입니다. 예전처럼 납작 엎드려 접대를 하라는 말이 아닙니다. 이미 그런 세상은 아닙니다. 고객을 향한 최소한의 배려, 그것이 비즈니스의 부족한 1%를 채우는 물꼬가 되기도 합니다.

결국 도장을 찍게 만드는 술자리 비즈니스 골든 팁! ·····················
자신이 좋아하는 노래는 비즈니스적으로 소용이 없다. 상대방의 연배에 맞춰 분위기를 띄울 수 있는 노래를 두세 개 정도 준비해두면, 갑자기 노래방에 가도 당황하지 않을 수 있다!

일의 성과는
회식의 '마무리'로
결정된다!

32

회식 자리에서
'사인'은 받지 않는다

중요한 사항이기에 반복해서 말합니다. 회식은 비즈니스 성과를 내기 위한 소중한 과정입니다.

회식은 그 자리를 통해 자신의 존재감을 부각시키고, 깊은 대화를 나누며, 업무와 관련된 정보 등을 얻는 게 목적이지, 그 자리에서 계약서 사인을 받는 게 목적은 아닙니다. "오늘 꼭 계약해주셨으면 하니 인감을 들고 오세요."라고 말할 수 있는 회식은 없습니다. 그랬다간 술과 요리를 즐기지 못할 게 뻔하지요.

회식 자리에서 '계약을 따내자!', '담판을 짓자!'라는 생각은 바람직하지 않습니다. 술이 들어간 자리에서 결정된 일을 신용한다는 것 자체가 난센스이니까요. 상대가 "기억이 안 나는

데…….", "내가 그런 계약을 했던가?"라고 말한다면 그동안 들인 공이 연기처럼 사라져버리겠지요.

그림에 비유하자면, 회식 자리에서는 밑그림을 그려두는 것만으로도 충분합니다. 바탕에 색을 칠하는 것은 회의 시간이나 프레젠테이션을 할 때 하는 일입니다.

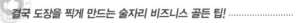

결국 도장을 찍게 만드는 술자리 비즈니스 골든 팁! ....

회식 자리에서 구두로 한 약속은 믿지 않는다. 계약은 맨 정신으로 도장을 찍을 때에만 효력을 발휘한다!

33

계약서 사인은
'일주일 이내'로

앞에서 저는 "회식은 성과를 내기 위해 거치는 소중한 과정이다."라고 말했습니다. 그런데 회식을 마치고 두세 달이 지나도록 아무런 성과도 얻지 못한다면 그야말로 난감해지겠지요. 계약 체결이 목적인 회식이라면, 회식 후 되도록 빨리 계약을 마무리 짓는 게 이상적입니다.

회식 자리에서 상대방에게 좋은 인상을 남겼더라도, 그 기억은 생각보다 오래 유지되지 않습니다. 몇 주가 지나면 '그런 회식을 했었나?' 하며 기억 저편으로 사라져버리지요. 그러므로 회식 후에는 조속히 기획했던 일의 매듭을 짓는 게 원칙입니다. 그리고 '회식이 끝난 뒤로부터 일주일 이내'가 바로 승부처입니다. 경험적으로 시간이 지날수록 계약서에 사인을 받는 것이 어려워지기에 회식을 한 이유가 없어지곤 합니다.

더불어 계약서 사인을 염두에 두고 회식 스케줄을 잡는 일도 중요합니다. 고객의 예산이 결정되는 시기와 프레젠테이션 일정, 계약 완료 날짜 등을 역산해서 그로부터 멀지 않은 시기에 회식 스케줄을 잡습니다. 이런 전략에 따라 움직이면 계약을 성사시킬 수 있는 확률이 훨씬 높아집니다.

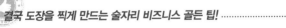

결국 도장을 찍게 만드는 술자리 비즈니스 골든 팁! ·····················
회식은 딱 일주일 뒤에 효과가 사라지는 시한폭탄이다. 그 안에 승부를 봐야 한다!

34

진짜 '마무리'는
디저트나 해장국*이 아니다

회식을 통해 업무 성과를 내는 사람은 '회식을 마무리하는 방법'도 남다릅니다.

술자리가 길어지면 얼큰하게 취하는 경우가 있습니다. 하지만 그 상태로 '아, 재미있었다.'라며 회식을 끝내서는 안 됩니다. 성과를 내는 사람은 회식이 끝나기 전에 반드시 다음에 취해야 할 '액션'을 확인합니다.

"○○ 씨, 그러면 다음 주에 한 번 더 미팅을 잡을 테니 아까 말씀드린 건에 대한 검토를 부탁드립니다."

"오늘 말씀하신 건은 다시 한 번 귀사로 찾아뵙고 제안드리

---

*원문 – 오차즈케, 녹차에 밥을 말아 먹는 음식

도록 하겠습니다."

이렇게 앞으로의 업무 흐름을 확인하고, 느슨해진 회식 자리의 분위기를 전환함으로써 회식의 목적을 상대방에게 재확인시킵니다.

성과를 내는 사람의 진짜 마무리는 디저트나 해장국이 아닙니다. 그건 바로 성과로 이어지는 액션입니다.

결국 도장을 찍게 만드는 술자리 비즈니스 골든 팁! ⋯⋯⋯⋯⋯⋯⋯⋯

업무 이외의 이야기로 분위기가 달아오른 채 회식을 끝내지 않는다. 반드시 다음 업무 일정을 확인한 뒤 자리를 파한다!

35

분위기가 안 살아도
2차는 권한다

회식 후에 분위기가 달아오르면 "2차 갈까요?"라고 묻는 사람이 있습니다. 특히 이쪽이 접대하는 입장이라면 특별한 이유가 없는 한 상대방의 제안을 받아들이는 게 기본적인 대응입니다. 부탁을 하는 쪽이 회식을 빨리 끝내려고 하는 건 아무래도 모양이 이상하니까요.

나아가 상대가 먼저 2차 얘기를 꺼내지 않아도 술이 부족해 보인다면, 이쪽에서 먼저 "괜찮으시면 한잔 더 하시는 게 어떻습니까?" 하고 말을 꺼내는 배려도 필요합니다. 회식이 끝나는 순간, 상대가 술을 남기지 않았다면 아무래도 술이 부족했을 가능성이 높습니다.

술자리도
능력이다

유감스럽게도 회식 자리의 분위기가 달아오르지 않아서 2차에 갈 기분이 아니라 하더라도, 때에 따라서는 "한잔 더 하시겠어요?"라고 물어보는 용기가 필요합니다. 거절당할 게 뻔하더라도 '당신을 주인공으로 생각한다'라는 메시지는 전달해야 하니까요.

결국 도장을 찍게 만드는 술자리 비즈니스 골든 팁! ⋯⋯⋯⋯⋯⋯⋯⋯

동료들끼리 편하게 마시는 2차는 성과와 전혀 관련이 없다. 다소 불편하더라도 이해관계가 얽힌 상사나 고객을 모시는 게 진정한 비즈니스맨의 자세다!

CHAPTER 4
일의 성과는
회식의
「마무리」로
결정된다!

111

36

희망이 안 보이면
디저트를 일찌감치 내어라

때로는 회식 도중에 '이번 계약은 가능성이 없겠군.' 하고 직감할 때가 있습니다. 아무리 상대방에 대해 조사하고 준비를 철저히 해도, 애초에 우리에게 내어줄 예산이 없다면 회식을 하는 의미가 없겠지요. 그럴 때는 회식을 질질 끌어봤자 아무 소용없으므로, 마지막 요리까지 다 먹었다면 마무리를 짓는 게 현명합니다.

비즈니스가 성립되지 않는다는 사실을 알면서도 상대가 돌아갈 기색도 없이 기세 좋게 술을 마시는 경우도 있습니다. 그럴 때는 화장실에 가는 척하면서 막차 시간을 알아본 뒤, "○○ 씨, 댁이 □□동이었지요? 마침 11시 20분발 급행 전철이 오고 있는데, 슬슬 나가시는 편이 좋지 않을까요?"라며 귀가를 권하십시오. 그러면 상대방이 불쾌감을 느끼기는커녕, 오히려 사려 깊은 사람이라고 생각할 것입니다.

나아가 수완이 좋은 사람은 음식점 점원에게 디저트를 빨리 가져다달라고 부탁하기도 합니다. 디저트를 먹고 나면 왠지 슬슬 일어나야 할 것 같은 분위기가 자연스럽게 형성되기 때문입니다.

결국 도장을 찍게 만드는 술자리 비즈니스 골든 팁! ....

지루하고, 성과도 기대할 수 없다고 해서 핸드폰을 들여다보는 사람은 분명 하수다. 고수는 '당장'이 아니라 '나중'까지 계산해서 처신한다.

CHAPTER 4
일의 성과는
회식의
「마무리」로
결정된다!

113

37

안부 메일은
회식 전에 써두어라

회식 주최자와 참가자를 불문하고, 대부분은 다음 날 서로에게 안부 메일을 보냅니다. 회식 후의 안부 메일은 최소한의 매너라고 할 수 있습니다. 그런데 성과를 내는 사람은 이 메일에서 인사뿐만 아니라 차후의 비즈니스 흐름까지 확인해둡니다. 이를테면 회식 마지막 무렵에 이야기한 내용을 다음 날의 안부 메일로 한 번 더 확인하는 거지요.

"어제는 바쁘신 와중에 참석해주셔서 감사했습니다. 덕분에 즐거운 시간을 보냈습니다. 어제 말씀드렸던 ○○ 건은 모쪼록 잘 부탁드립니다. 혹시 다음 주에 다시 한 번 시간을 내어주실 수 있는지요? 그럼 다시 연락드리겠습니다."

이렇게 안부 메일을 보내야 비로소 진짜 회식을 마무리 지을 수 있습니다. 회식 자리에서는 아무리 업무 이야기를 해봤자 "우리가 그런 얘길했던가요?", "아, 진심으로 제안하셨던 거예요?"라며 흐지부지하게 끝날 우려가 있습니다. 그러니 이런 사태를 방지하기 위해서라도 다시 한 번 서면으로 확인을 받는 거지요.

또한 회식 자리에서 구체적인 계획이나 숫자가 언급된 경우에는 반드시 그 사항을 메일로 보내서 문서화해두는 게 좋습니다. 그래야만 나중에 "분명히 말했다.", "그런 말 한 적 없다." 하며 다투는 사태를 막을 수 있습니다.

예를 들면 광고 클라이언트가 회식 자리에서는 분명 "도가씨네 광고에 2,000만 원을 집행하겠습니다."라고 말했는데, 나중에 "2,000만 원이요? 1,500만 원이라고 했는데."라며 발을 빼는 경우가 있습니다. 하지만 다음 날 안부 메일을 보내며 구체적인 금액을 못 박아두면 이런 일을 예방할 수 있습니다.

안부 메일은 아침 업무를 시작하자마자 보내라!

안부 메일은 반드시 아침 업무를 시작하자마자 보내는 게 원칙입니다. 가끔 오후가 되어서야 안부 메일을 보내는 사람도 있는데, 어떤 사정이 있더라도 오전 중에 보내야 효과가 있습니다. 저 또한 이 점만큼은 영업 담당자에게 철저히 가르칩니다. 점심시간이 지나면 상대가 외근을 나갈 가능성도 높고, 어젯밤의 여운이 거의 사라져버려서 '이제 와서 뭐지?'라는 부정적인 인상을 남길 수 있기 때문입니다.

저는 아무리 바빠도 아침에 가장 먼저 안부 메일을 보낼 수 있도록, 회식 전에 미리 메일 초안을 써서 저장해두곤 합니다. 대부분 회식 장소와 메뉴가 벌써 정해져 있기 때문에, 식사 감상도 미리 작성할 수 있습니다. 대본이 확실하게 나와 있다면 회식 때 어떤 이야기를 나눌지도 어느 정도 예상할 수 있습니다. 물론 그대로 보내지 않고 다시 문장을 다듬지만, 이 정도만 해두어도 아침에 신속히 메일을 보낼 수 있습니다. 참고로 저는 하루에 몇 차례 갱신하는 블로그도 사전에 기본적인 내용을 써두고 필요할 때 곧바로 올립니다.

다음 날 아침, 메일을 보내기 전까지는 회식이 끝나지 않는다는 점, 잊지 마세요.

결국 도장을 찍게 만드는 술자리 비즈니스 골든 팁! ·······················
점심시간이 지나서 도착하는 안부 메일은 성과로 연결되지 않는다. 반드시 오전 중에는 안부 메일을 보낸다!

술자리도 능력이다

38

안부 메일은
수신자별로 내용을 바꿔라

회식 상대가 여러 명인 경우, 다음 날의 안부 메일은 수신자별로 내용을 조금씩 바꾸는 편이 좋습니다. 가령 상대가 영업 담당자와 상사 두 명이었다면, 그중 누군가 정보 공유를 위해 "도가 씨한테서 안부 메일이 왔다."며 메일을 전달할 가능성도 있습니다. 그때 같은 문장을 복사해서 붙인 사실이 들통나면 일을 대충한다는 인상을 주게 됩니다.

수신자에 따라 내용을 바꾸는 건 물론 귀찮은 일입니다. 하지만 그 약간의 수고가 긍정적으로 작용하는 경우도 있습니다.

예를 들어 영업 담당자의 상사에게 보내는 메일에는 "영업 담당자인 ○○ 씨가 늘 잘 챙겨주셔서 도움을 받고 있습니다."

라고 덧붙입니다. 그리고 영업 담당자에게 보내는 메일에는 "상사인 ○○ 부장님이 어제 술을 꽤나 많이 드셨는데, 몸은 괜찮으신지요?"라고 적습니다. 만약 상사와 부하가 메일 내용을 공유한다면 제가 매우 사려 깊은 사람으로 인식될 수 있겠지요.

언제나 이렇게 일이 잘 풀릴 가능성은 낮지만, 저는 사소한 배려가 축적되어 큰 신뢰로 이어진다고 믿습니다.

현장을 중시하면 성과로 이어진다!

안부 메일은 회식 상대 전원에게 보내는 게 원칙입니다. 당연하다고 여길지 모르겠지만, 의외로 많은 사람이 이 원칙을 실천하지 않습니다. 상대 측 주요 인사나 가장 직급이 높은 사람에게만 안부 메일을 보내는 사람이 대부분입니다. 이는 절대로 해서는 안 될 행동입니다.

영업 담당자가 그의 상사인 부장을 회식에 데려왔다고 상상해봅시다. 아무래도 결재권을 가진 사람이 부장이다 보니, 이쪽도 부장을 주요 인사로 모실 수밖에 없겠지요.

그러나 어떤 비즈니스라도 현장을 경시해선 안 됩니다. 일을 결정하는 사람은 상사지만, 회식 후 현장에서 비즈니스를 움직이는 사람은 영업 담당자입니다. 만약 그가 '상사에게 모든 공이 돌아가는군.' 하고 생각하게 되면, 잘 진행되던 일이 엎어질 가능성도 있습니다. 현장을 중시하는 것이 비즈니스의 성과를 올리는 비결입니다.

회식 후 당연히 영업 담당자에게 안부 메일을 보내야 하는 이유는 여기에도 있습니다.

"어제는 부장님을 소개해주셔서 감사했습니다. 덕분에 뜻깊은 시간을 보낼 수 있었습니다."

"어제는 감사했습니다. 이번 회식 때는 느긋하게 대화를 나누지 못했으니 다음에 좋은 자리 만들어보겠습니다."

이렇게 자리를 만들어준 노력에 감사를 표함과 동시에 '일선에서 뛰고 있는 당신도 소중히 여기고 있다.'라는 메시지를 전하는 것이, 돌아가는 듯 보여도 사실은 성과로 향해 가는 지름길입니다.

결국 도장을 찍게 만드는 술자리 비즈니스 골든 팁! ⋯⋯⋯⋯⋯⋯⋯

결국 일을 완성하는 건 결재권자가 아니라 일선 담당자다. 아랫사람이라고 해서 절대 소홀히 대하지 않는다!

39

다음 날 '케이크' 배달은 효과 만점

회식 후에 하는 인사로 가장 효과가 좋은 방법을 소개해드립니다. 바로 맛있는 케이크 한 판을 상대편의 직장에 보내는 겁니다. 제 경우엔 직접 들고 가기 어려우니 부하 직원에게 부탁해서 오후 3시 정도에 맞춰 보냅니다.

물론 매번 누구에게나 케이크를 보낼 수는 없습니다. 자주 도움을 준 클라이언트나, 전날 식사를 대접해준 고객에게만 감사의 기분을 담아서 보내지요. "숙취는 괜찮으신가요?" 등의 메시지가 적힌 고급 케이크를 통째로 보내면 '우와, 이건 뭘까?' 하는 기대감을 줄 수 있고, 회식에 참가하지 않은 직원들에게도 저의 존재감을 확인시킬 수 있습니다.

또한 직원들은 "○○ 부장님, 굉장한 선물을 받으셨네요."라는 식으로 선물 받은 이의 기분을 띄워줄 테고, 저를 향한 상대방의 신뢰는 애정으로 변화할 것입니다. 이처럼 회식 후 케이크 선물은 고객과의 관계를 끈끈하게 만드는 데 효과적인 선물입니다.

결국 도장을 찍게 만드는 술자리 비즈니스 골든 팁! ……………………

회식 다음 날, 부담스럽지 않은 선물을 상대방에게 전달한다. 부피가 크고 다 함께 나누어 먹을 수 있는 음식일수록 선물 받은 이의 어깨를 으쓱하게 한다!

40

대접받을 때야말로
상사에게 보고하라

회사 경비를 써서 회식을 주최할 때는 대부분의 사람이 상사에게 보고를 하겠지요. 경비를 사용하기 위해서는 어쨌든 결재를 받아야 하니까요.

그런데 상대방에게 대접받는 경우에는 의외로 상사에게 보고하지 않는 경우가 많습니다. '공짜로 밥을 얻어먹을 수 있다니 세상 참 좋구나!'라는 생각만으로 회식에 참석하기 때문이겠지요.

하지만 상대에게 대접받을 때야말로 반드시 상사에게 보고해야 합니다. 회식은 업무 성과를 내기 위한 과정이므로, 상사는 부하가 어떤 전략을 가지고 회식에 임하는지 체크할 필요가 있죠. "회식의 목적은 무엇인가?", "주요 인사는 누구인가?", "어떤 대본을 가지고 가는가?", "선물은 어떤 걸 준비해야 하나?" 등을 사전에 확인하는 것입니다. 부하가 보고를 하지 않아서 회식의 존재조차 몰랐다면, 상사는 더 이상 회사에서 할 수 있는 일이 없습니다.

또한 부하가 회식을 보고하지 않으면 상사는 상대 회사에 대한 체면을 구기게 됩니다. 상사가 회식 상대인 고객과 다른 자리에서 만나더라도 "전에는 제 부하가 신세를 졌습니다."라고 인사조차 할 수 없을 테니까요.

그런 일이 생기면 '그쪽 상사에게서 인사 한마디도 듣지 못했다.'는 부정적인 이미지를 심어줄 뿐만 아니라, 결과적으로 '이 회사는 팀워크가 별로다.'라는 불신마저 심어주게 됩니다. 그러면 대접 받은 부하의 업무에도 악영향을 끼치게 되겠지요.

부하 직원에게 회식의 '성과'를 알려준다!

반대로 상사가 부하 직원에게 회식의 성과를 알려주는 일도 중요합니다. 많은 상사분들이 이 부분을 놓치곤 합니다. 아무래도 상사가 부하 직원보다는 회식에 참가할 기회가 많으므로 부하 직원은 '○○ 과장님은 항상 술이나 마시러 다니니, 팔자가

참 좋군.'이라고 생각할 가능성이 높습니다. 부하 직원의 이런 생각은 팀워크에 균열을 만들기 시작합니다.

이런 사태를 방지하기 위해서라도 상사는 회식의 성과를 부하 직원들에게 알릴 필요가 있습니다. "그 건은 잘 풀리는 것 같아.", "클라이언트한테 ○○ 건은 잘 부탁해두었어."라고 말하면 쓸데없는 오해를 피할 수 있을 뿐만 아니라, '회식은 비즈니스 성과를 내기 위한 자리'라는 의식을 심어줄 수도 있습니다. 배려는 고객에게만 하는 것이 아닙니다. 부하 직원에 대한 이런 사소한 배려로부터 팀워크와 팔로워십이 싹트게 됩니다.

결국 도장을 찍게 만드는 술자리 비즈니스 골든 팁! ....

회식 자리에서 보여주는 팀워크는 성과에 중요한 영향을 미친다. 당장 쪼개질 것 같은 팀과 함께 일하고 싶은 사람은 없다!

'가게 선택'으로
상대와의 거리를
조절하라!

41

업무 센스는
음식점 선택에서 드러난다

저는 전작 『성공하는 남자들의 옷차림 전략』(이보라이프)이라는 책에서 이렇게 주장했습니다.

'옷을 잘 입는 사람이 일도 잘한다!'

패션 업계에 오랫동안 종사하며 겪은 경험들을 바탕으로 쓴 책이지요.

회식도 마찬가지입니다. 음식점 선택 과정에는 그 사람의 업무 스타일이 드러난다 해도 과언이 아닙니다. 이를테면 요리는 맛없는데 가격만 비싼 음식점, 큰 소리로 말하지 않으면 대화를 나눌 수 없을 정도로 번잡한 음식점을 고르는 사람은 '이 사람, 일도 이런 식으로 할 것 같은데 괜찮을까?' 하고 불안을 주게 됩니다.

반대로 상대가 좋아할 만한 편안한 음식점을 고르는 사람에 대해서는 안심을 하게 됩니다. 어떤 장소를 고르는가에 따라서 '업무 성과를 낼 수 있는 사람인가?', '업무 센스가 있는 사람인가?'에 대한 판단이 바뀌는 셈이지요.

상대는 당신의 회식 장소 선택 센스를 지켜보고 있습니다. 그러므로 음식점을 고를 때에도 긴장을 늦춰서는 안 됩니다.

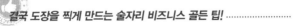

결국 도장을 찍게 만드는 술자리 비즈니스 골든 팁! ·····················
블로그 맛집 소개 등의 인터넷 정보를 곧이곧대로 믿지 않는다. 가장 확실한 정보는 그 동네에 살고 있거나, 술자리가 잦은 영업자에게서 나온다!

42

상대를
'단골손님'으로 만들어라

회식 장소 선택의 궁극적인 목표는 데리고 간 상대를 그 가게의 '단골손님'으로 만드는 것입니다. 저도 여러 번 경험했습니다만, 회식을 주최한 입장에서 이보다 기쁜 일은 없습니다.

이전에 클라이언트를 어느 초밥집에 데리고 갔는데, 나중에 이런 연락을 받았습니다.

"도가 씨, 지난번에 데려가주신 초밥집 말예요. 이번에 제 고객과 함께 가기로 했답니다."

클라이언트가 자신의 고객을 데리고 간다는 건 그 가게가 그만큼 마음에 들었다는 증거입니다. 나아가 저에 대해 호감을 느꼈다고 봐도 되겠지요. 싫어하는 사람이 소개해준 가게를 마음에 들어 할 사람은 거의 없을 테니까요. 그런 의미에서, 회식 상대가 그 가게를 다시 찾는다는 건 제가 주최했던 회식이 성공적이었다는 증거입니다.

기왕이면 회식 장소를 섭외할 때 '상대가 단골 가게로 삼을 만큼' 맛있고 분위기도 좋은 곳을 고르십시오. 먹는 입이 즐거워야 성과도 좋아집니다.

결국 도장을 찍게 만드는 술자리 비즈니스 골든 팁! ·······················

상대의 기억에 남을 만한 가게를 고른다. 상대가 그 가게를 찾을 때마다 당신을 떠올릴 것이다!

조절하라!
거리를
상대와의
CHAPTER5
「가게 선택」으로

129

43

고급 음식점에 데려갔다고
안심하지 않는다

'고급 음식점에 데려가면 만사형통!'이라는 생각은 틀렸습니다. 확실히 한 사람당 몇 십만 원씩 하는 고급 음식점은 요리나 서비스도 일류겠지요. 그러나 회식의 목적을 고려하면, 단가가 높다고 해서 반드시 정답이라고 단정할 수 없습니다.

'자신의 존재감을 부각시킴과 동시에 상대와의 거리를 좁혀서 성과로 연결시킨다.' 이것이 회식의 주요 목적입니다. 고급 음식점을 예약했다고 해서 안일하게 생각하면 이런 회식의 목적을 달성할 수 없습니다. 회식은 장소나 음식보다 '어떤 행동을 하고 무엇을 전달할 것인가'가 중요합니다.

게다가 고급 음식점은 초대받은 상대방에게 쓸데없는 부담

을 안겨줍니다. 상대가 '무리한 부탁을 받으면 곤란한데…….'
라며 방어적으로 나오면 오히려 성과를 올리는 데 방해가 될
수 있습니다. 물론 관계가 끈끈한데다 늘 신세를 지고 있는 상
대라면, 열 번에 한 번 정도는 감사의 뜻을 담아 고급 음식점에
서 접대를 하는 마음 씀씀이가 필요합니다. 하지만 일반적인 회
식이라면 굳이 그럴 필요가 없습니다.

실제로 제가 평소에 예약하는 가게는 한 사람당 4만 원에서
8만 원 정도의 예산이면 충분합니다. 10만 원을 넘는 가게는
거의 가지 않습니다. 애초에 회사 경비를 사용하는 것인 만큼,
비용 대비 효과를 신경 써서 회식 장소를 잡는 게 당연합니다.
참고로 제가 다니는 회사는 외국 기업이라서 접대 사용 내역을
매우 엄격히 따지지요.

'분위기만 좋은 가게'에는 여자 친구를 데려가라!

음식점을 고를 때에는 '분위기만 좋은 곳'을 고르시 않도록
주의합니다. 세상에는 분위기만 좋고 맛이나 서비스의 질은 떨
어지는 음식점이 말도 못하게 많습니다. 시내의 목 좋은 장소에
개점했다가 1~2년 안에 망하는 음식점 대부분은 이렇게 '분위
기만 좋은 가게'입니다. 사장에게 '오랫동안 꾸준히 잘해보자!'

라는 고집이 없으니 외관만 그럴싸하게 치장해서 처음 오는 손님을 유혹하는 거지요.

저도 이렇게 외관이 반지르르한 가게들에 얼마나 속았는지……. 분위기만 좋은 가게는 데이트 장소로는 적격일지 몰라도, 비즈니스 회식 장소로는 절대 적합하지 않습니다.

제가 추천하는 회식 장소는 젓가락을 이용해 먹을 수 있는 일본 전통 요릿집 가운데 비교적 최근에 새로 생긴 음식점입니다. 유명 음식점에서 음식을 배운 요리사가 독립해 처음 차린 가게, 주방이 잘 보이도록 오픈된 가게, 몇 개의 테이블이 다소곳이 놓여 있는 자그마한 가게, 뭐 이런 이미지랄까요.

일본 요릿집은 대부분 분위기도 차분해서 업무 회식을 진행하기에 적합합니다. 게다가 요리사를 중심으로 원형 테이블이 놓여 있는 음식점은 손님이 요리하는 장면을 모두 지켜볼 수 있어서, 최소한 전자레인지로 데운 음식을 먹을 일은 없습니다. 오히려 평범한 가게에는 없는 특별한 메뉴를 만들어줄 확률이 높지요.

결국 도장을 찍게 만드는 술자리 비즈니스 골든 팁! ....
쓸데없이 비싼 고급 음식점은 상대방도 부담스러워한다. 가격은 저렴해도 요리사의 진심이 담겨 있는 특별한 요리가 사람의 마음을 움직인다!

술자리도 능력이다

44

비즈니스도 회식도
'현장'을 숙지하라

일을 할 때 '현장'을 제대로 파악하지 않으면 업무를 제대로 수행할 수 없습니다. 회식도 마찬가지입니다. 현장을 모르면 상대를 만족시켜 성과를 내기 어렵습니다.

회식 장소를 고를 때 한 번도 가본 적 없는 가게를 예약하는 사람이 있습니다. 이는 국가 대표 축구단이 한 번도 밟아본 적 없는 축구장에서 해외 원정 경기를 펼치는 것과 마찬가지입니다. 요즘은 맛집을 소개한 블로그나 사이트에서 정보를 수집하는 사람이 많은데, 실제로 자신이 경험해보지 않으면 알 수 없는 점이 많습니다.

회식 장소를 정할 때는 다음과 같은 사항을 반드시 체크하기 바랍니다.

- · 요리와 술이 정말로 맛있는가?
- · 가게의 분위기는 차분한가?
- · 개별 룸이 있다는데 어떤 구조로 되어 있는가?
- · '반(半)개별 룸'이라는데, 다른 방과 어느 정도로 분리되어 있는가?
- · 직원의 서비스와 태도는 만족스러운가?

이런 부분은 회식의 성과를 좌우하는 매우 중요한 요소입니다. 그런데 인터넷으로는 이런 세세한 부분을 확인하는 데 한계가 있습니다.

게다가 막상 회식이 시작되면 뜻하지 않은 일들이 일어나서 애초 기획한 대본대로 연기하기 어려울 수도 있습니다. 예를 들어 반개별 룸을 예약했는데 옆자리 손님의 목소리가 그대로 들려서 큰 소리로 대화를 나누어야 한다면, 성과는 둘째 치고 상대방의 기분만 상하게 할 지 모릅니다.

이처럼 한 번도 가본 적 없는 가게를 고르는 일은 리스크가 매우 큽니다.

홈그라운드에서 경기를 유리하게 이끌어나가라!

회식 장소 선택의 원칙은 자신이 가봤던 곳, 되도록이면 '단골 가게'를 고르는 것입니다. 평소 제집인 양 드나드는 가게라면 적어도 앞에서 말한 사례는 예방할 수 있겠지요.

단골 가게의 장점은 그뿐만이 아닙니다. 우선 어느 메뉴가 그 가게의 간판인지 파악할 수 있습니다. 어떤 요리를 주문해야 고객의 마음을 훔칠 수 있는지 알 수 있고, 메뉴에 대한 설명도 자세히 해줄 수 있습니다.

두 번째 장점은 고객에게 특별한 느낌을 줄 수 있다는 것입니다. 음식점에 들어갔을 때, 주방장이 직접 나와 "도가 씨, 오늘 찾아주셔서 감사합니다. 오늘은 A사의 손님과 함께 오셨군요. 신경 써서 모시겠습니다."라고 인사를 하면 동석한 사람은 왠지 모를 뿌듯함을 느낄 것입니다. 아마 '내가 온다는 사실을 가게에서 미리 알고 있었다.', '나를 위해 특별히 단골 가게에 데리고 왔다.'라고 생각할 테지요.

세 번째 장점은 약간의 융통성을 발휘할 수 있다는 점입니다. 진짜 단골손님이 되면 메뉴에 없는 특별한 요리를 먹을 수 있다거나, 가장 좋은 자리를 예약해준다거나, 따로 술을 반입할 수 있는 등 다양한 혜택이 쏟아집니다. 물론 고객을 위해 그 옵

CHAPTER 5
「가게 선택」으로
상대와의
거리를
조절하라!

135

션들을 자유자재로 활용할 수 있는 순간도 오겠지요.

단골 가게가 없다고 해서 좌절할 필요는 없습니다. 회식 전에 사전 조사를 하러 간다거나, 다른 영업자들이 찾는 가게를 알아보면 굳이 비싼 돈을 들이지 않아도 단골 가게를 만들 수 있습니다. 그렇게 단골 가게를 늘려가다 보면 어느새 당신도 모르는 사이에 능숙한 비즈니스맨이 되어 있을 것입니다.

딱 하나만 명심하십시오. 회식 장소를 다짜고짜 처음 가보는 가게로 정하는 것만큼 어리석은 일은 없습니다.

결국 도장을 찍게 만드는 술자리 비즈니스 골든 팁! ....

무슨 일을 하던 사전 답사는 필수다. 만약 자신의 비즈니스를 도와줄 단골 가게가 없다면 미리 사장님께 부탁해서 대본에 사장님을 추가한다!

술자리도 능력이다

45

단골 가게는
'최소한 다섯 군데'를 만들어라

비즈니스 회식 장소로 사용하는 단골 가게가 많으면 고객 성향에 맞춰 그때그때 위치와 음식을 선택할 수 있습니다. 아까 저는 "상대방의 전철 라인에 있는 음식점을 고르라."고 말했습니다. 아무래도 단골 가게가 많으면 많을수록 상대방을 배려하기가 더 쉽겠지요.

제 경우, '진짜 단골집'이라고 자부힐 수 있는 음식점은 열다섯 군데 정도입니다. 이처럼 단골 가게가 열 곳 이상 있으면 다양한 요구나 상황에 따라 대처할 수 있습니다. 일식, 한식, 중식, 프랑스식, 이탈리아식 등 단골 가게의 종류까지 다양하면 그야말로 금상첨화겠지요.

단, 약간의 융통성을 발휘할 수 있는 단골집으로 만들기 위해서는 당연히 그 가게에 발길을 자주 해야 합니다. 현시점에서 단골이라고 할 만한 가게가 없다면, 우선은 다섯 군데를 목표로 삼아봅시다. 단골 가게가 다섯 개 정도 있으면 회식 장소 선택에서 남들보다 우위를 점할 수 있습니다.

평소 친목을 도모하기 위한 회식 등에서 적극적으로 간사 역할을 맡는 것도 단골 가게를 늘릴 수 있는 한 가지 방법입니다. 음식점을 고르는 안목이 있어야 단골로 삼을 음식점도 발견할 수 있을 테니까요.

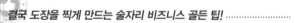

결국 도장을 찍게 만드는 술자리 비즈니스 골든 팁! ....

단골 가게의 수가 많아질수록 비즈니스 능력이 향상된다. 친구들과 가볍게 즐길 때에도 항상 회식 장소를 염두에 두고 생각한다!

술자리도 능력이다

46

'음식종류＋가게 이름＋장소'로 기억하라

회식 장소 고르기는 선택지가 많을수록 즐거워집니다. 저는 단골집이 아니더라도 비즈니스 회식 때 활용할 수 있는 가게라면 휴대 전화 안에 전부 저장해둡니다. 전철 야마노테 선의 모든 역에 한 군데 이상씩 회식 장소로 쓸 수 있는 가게를 등록해두었지요.

만약 고객의 취향이 확실해서 나른 가세를 선택해야 할 경우엔, 이동할 때의 자투리 시간을 활용하여 인터넷으로 검색해봅니다. 요즘은 워낙 인터넷이 발달되어 있어서 금세 적당한 가게를 몇 군데 고를 수 있습니다.

만약 너무 많은 가게의 전화번호가 저장되어 있어서 헷갈리

CHAPTER 5
「가게 선택」으로
상대와의
거리를
조절하라!

139

면 어떻게 하느냐고요? 걱정하지 않아도 됩니다. 저는 아무리 많은 양의 데이터가 축적되어도 검색하기 쉽도록, 휴대 전화에 다음과 같은 규칙으로 저장해둡니다.

'음식 종류 + 가게 이름 + 장소'

'닭꼬치구이 ○○○ 음식점 에비스', '이탈리안 △△△ 레스토랑 신주쿠' 등등 이런 식입니다. 가게 이름만 저장하면 잊어버리기 쉬우니 음식 종류와 장소도 함께 등록해두는 것이 요령이지요.

회식 장소로 쓸 만한 음식점은 평소 바지런히 휴대 전화에 저장하는 버릇을 들여보세요. 그러면 어느 순간 회식 장소 선택이 즐겁고 편하게 느껴집니다.

결국 도장을 찍게 만드는 술자리 비즈니스 골든 팁! ....

매번 인터넷으로 맛집을 검색하는 사람은 비즈니스 회식의 하수다. 상대가 어디서 무엇을 먹고 싶어 하든 휴대 전화 전화번호부 안에서 해결하도록 한다!

47

다섯 번에 한 번은
'서민적인 가게'를 골라라

회식 때마다 같은 상대에게 늘 업무 관련 상담이나 제안을 하면, 상대방은 '또 일 얘긴가…… 피곤하다.'라고 생각할 것입니다. 다섯 번에 한 번쯤은 업무 관계를 환기시켜줄 자리를 만드는 것도 좋습니다.

제가 자주 쓰는 방법은 철판구이집에 데려가는 것입니다. 서민석이면서도 음식 굽는 연기가 부럭부럭 피어오르는, 마음 편한 가게 말입니다.

어느 나라든 사장이나 유명 인사는 중요한 손님을 집으로 초대해서 대접합니다. 그만큼 집이라는 공간이 친밀감을 높여주는 데 큰 역할을 하기 때문이지요. 철판구이집은 바로 이런 역

CHAPTER 5
'가게 선택'으로
상대와의
거리를
조절하라!

141

할을 대신해줍니다. 철판구이집에 마주 앉아 이런저런 세상 돌아가는 이야기를 하다 보면 공략 상대와의 거리를 좁힐 수 있습니다.

특히 눈앞의 철판에서 각종 음식이 구워지는 모습은 상대방에게 당신이 얼마나 바지런하고 세심한 사람인지를 어필하는 요소로 작용합니다. 당신이 직접 음식을 요리하는 것도 아닌데, 상대방은 왠지 모든 것을 당신과 연결해서 생각하게 되지요. 그러면 어느 순간, 요리의 맛은 크게 중요해지지 않습니다. 지금 이 순간, 당신과 함께 앉아 있는 그 자체가 상대방에게 추억으로 남게 됩니다.

단, 뭔가를 굽는 음식점에 갈 때는 "연기 나는 가게니까 좋은 옷이나 새 옷은 입고 오지 마세요."라고 사전에 전해두는 것을 잊지 마세요.

결국 도장을 찍게 만드는 술자리 비즈니스 골든 팁! ······················

때로는 소박하고 저렴한 음식점이 인간적으로 느껴질 수 있다. 정서적 공감은 회식을 성공으로 이끌기 위해 꼭 필요한 장치다!

<u>48</u>

같은 가게에
두 번 데려가지 마라

회식을 늘 같은 장소에서 주최하는 사람이 있을지도 모르겠군요. 만약 그 음식점이 단골 가게라면 메뉴도 훤하고, 자리도 편해서 평정심을 유지한 채 회식에 집중할 수 있겠지요. 확실히 홈그라운드에서 경기를 치르면 단점보다 장점이 많습니다. 하지만 그렇다고 해서 같은 상대를 몇 번이고 같은 음식점으로 초대하는 게 옳다는 얘기는 아닙니다.

아무래도 늘 같은 곳에서 회식을 하다 보면 상대방은 '이 사람이 나와의 만남을 대충 준비하는군.', '나를 중요한 사람이라고 생각하지 않나봐.'라고 생각할 가능성이 높습니다. 회식 장소 선택을 대충하거나 아무 생각 없이 하는 사람은 일에서도

'대충한다', '성실하지 못하다'라는 인상을 줄 수 있고요. "○○ 씨와 꼭 함께 가고 싶은 가게가 있어요."라며 매번 장소와 메뉴를 바꾸는 편이 고객의 입장에서는 특별함을 느끼는 계기가 될 것입니다.

반대로 회식에 초대받은 입장이라면, 배려심을 발휘해서 "예전에 갔던 그 음식점, 마음에 들던데요. 또 데려가주세요."라고 제안해보세요. 회식 주최자는 장소 선택에 들이는 수고를 덜 수 있다는 점에 분명 감사할 것이 틀림없습니다.

결국 도장을 찍게 만드는 술자리 비즈니스 골든 팁! ·······················

아무리 맛있는 음식도 계속 먹다 보면 질리는 법이다. 새로운 음식과 장소를 꾸준히 찾아내는 사람이 그렇지 않은 사람보다 긍정적이고 성실하게 보인다!

술자리도
능력이다

49

술자리 회식을 꺼리는 사람은 '점심 접대'로

고객 중에는 저녁 술자리를 꺼리는 사람도 있게 마련입니다. 술을 잘 못 마시는 사람도 있을 테고, 저녁을 꼭 가족과 함께 보내려는 사람도 있겠지요. 특히 결혼한 여성분들은 "아이가 있어서 저녁 늦게까지는 곤란하다."라며 선을 긋는 경우가 많습니다. 이럴 때는 저녁 회식보다는 점심시간을 활용한 '점심 접대'가 정답입니다.

점심 접대는 시간이 한정되어 있어서 길어봐야 두 시간 안에 끝납니다. 그 뒤 업무에 복귀할 수 있어서 시간을 유용하게 활용할 수 있지요.

또한 그 시간에 술을 마실지 안 마실지는 상대방에 달려 있

CHAPTER 5
「가게 선택」으로
상대와의
거리를
조절하라!

145

지만, 설령 마신다 하더라도 저녁 회식보다는 훨씬 저렴하게 대접할 수 있습니다. 비싼 음식점에 가도 보통 한 사람당 5만 원 이하로 나옵니다.

단, 점심 접대는 가게 선택에 더 신중을 기할 필요가 있습니다. 저렴한 레스토랑이나 개별룸이 없는 음식점은 차분하게 이야기를 나눌 기회가 없으며, 보안에 신중을 기하는 업무 관련 얘기도 할 수 없습니다. 제가 점심 접대로 자주 이용하는 장소는 개별룸이나 다다미방이 있는 일식집입니다. 이런 곳은 다소 가격대가 낮은 점심 메뉴를 따로 운영해서 예산 부담이 덜하며, 대화도 조용하게 나눌 수 있습니다.

결국 도장을 찍게 만드는 술자리 비즈니스 골든 팁! ....
점심 접대라고 해서 그냥 밥만 먹고 끝나는 게 아니다. 깔끔하면서도 독립된 공간을 보장하는 일식집에서 비즈니스 성과를 만든다!

50

이탈리아사람에게는 일부러 이탈리안 레스토랑을 권하라

외국인을 회식에 초대할 때, 가장 중요한 것은 '못 먹는 음식은 없는지' 그 여부를 파악하는 것입니다. 모처럼 일본에 왔으니 꼭 신선한 생선 요리를 대접하고 싶다며 초밥집을 예약해봤자, 상대방이 날것을 못 먹으면 말짱 도루묵입니다. 실제로 외국인 중에는 날것을 못 먹는 사람이 많지요. 회식 장소를 고르기 전에 "회는 드실 수 있으세요?" 하고 상대방의 의사를 물어보는 게 현명한 처사입니다.

그래도 외국인을 회식에 초대한다면, 역시 각 나라의 역사와 문화가 살아 숨 쉬는 전통 음식점을 고르는 게 정석입니다. 그리고 요리에 관한 배경지식이나 식문화에 대해 상대방에게 설명할 수 있도록 준비해둬야겠지요. 우리도 해외여행을 가면 그 나라의 문화와 풍습에 흥미를 가지는 것처럼, 외국인들도 우리나라의 문화와 특성에 대해 큰 호기심을 가지고 있습니다.

"이 붉은 밥은 '팥밥'이라고 합니다. 일본인들은 옛날부터 붉은색에 잡귀를 쫓는 신성한 힘이 있다고 생각했지요. 특히 이 팥밥은 잔칫날 만드는 경사스러운 음식이랍니다."

"일본의 음식에는 강한 미의식이 반영되어 있어서 먹을 때에도 아름다움을 유지해야 합니다. 젓가락을 이리저리 움직이며 어떤 걸 먹을지 망설이거나, 음식을 젓가락으로 찔러 먹는 것도 금지되어 있지요. 이런 젓가락에 관한 터부는 몇십 종류에 달합니다. 사실 저 같은 일본인도 무의식중에 실수를 하는 경우가 많지만요. 하하."

저 같은 경우 외국인 고객을 상대할 때 이렇게 일본 음식과 문화에 대해 설명을 해주는데, 대부분의 외국인이 깊은 관심을 가지고 경청합니다.

최근에는 전통문화에 전혀 관심이 없는 젊은이들이 많습니다. 하지만 비즈니스 성과를 올리기 위해서라도 전통문화를 어느 정도는 알아두는 게 좋습니다. 회식 자리에서 외국인에게 전통문화에 대해 설명할 수 있도록 지금부터라도 관심을 가지고 공부하시기 바랍니다.

전통 음식에 집착할 필요는 없다!

전통 음식점에 가지 않을 때에는 고객이 편하게 느끼는 고국의 요리점에 가는 것도 좋은 방법입니다. 고객이 이탈리아 인이라면 이탈리안 레스토랑에, 프랑스 인이라면 프렌치 레스토랑으로 초대하는 것이지요. 단 외국인을 고국의 요리점으로 초대할 경우, 그 이유를 반드시 설명해야 합니다.

"본고장 나폴리에서도 먹을 수 없는 맛있는 파스타가 여기 주방장의 손끝에서 탄생합니다.", "일본의 신선한 해산물이 넉넉하게 들어간 피자가 명물이지요."라는 식으로 말입니다. 이렇게 이유를 말해주지 않으면, 상대는 '어째서 이탈리안 레스토랑으로 정한 거지?' 하는 의문을 가집니다.

참고로 제가 일하는 도쿄에서 외국인이 좋아하는 코스는, 수산 시장을 견학한 후 신선한 초밥을 먹는 것입니다. 참치를 비롯한 갖가지 생선이 거래되는 광경이나 활기 넘치는 시장의 분위기는 외국인의 마음을 사로잡기에 부족함이 없습니다.

결국 도장을 찍게 만드는 술자리 비즈니스 골든 팁! ⋯⋯⋯⋯⋯⋯⋯⋯

외국인에게 우리나라 문화를 체험할 수 있는 기회를 제공해야 한다는 생각은 쓸데없는 강박이다. 때로는 외국인에게 그 나라의 문화를 소개할 수 있는 기회를 주는 것도 좋은 방법이다!

51
2차는 프루트칵테일이 있는 가게를 골라라

회식을 주최할 때는 2차 회식 장소도 미리 생각해두어야 합니다. 처음에는 2차 생각이 없었던 고객도 술을 마시다 보면 조금 더 마시고 싶어질 수 있으니까요. 이럴 때 급히 2차 회식 장소를 구하느라 여기저기 뛰어다니는 일은 없어야 하겠지요. 회식 장소에 대한 사전 정보가 없으면 한참 동안 밤거리를 배회하는 '2차 난민'이 될 수도 있습니다.

1차 회식 장소가 정해졌다면, 그에 맞추어 가까운 2차 장소도 미리 물색해두십시오. 후보로 삼아둔 음식점의 위치를 알아두는 것만으로도 당황하지 않고 문제를 해결하는 데 큰 도움이 됩니다.

지나치게 분위기 있는 바는 피한다!

2차 회식 장소는 바(Bar)처럼 술을 중점적으로 파는 가게가 무난하며, 가장 추천할 만한 곳은 갓 짜낸 과일즙을 넣은 칵테일을 만드는 술집입니다. 제가 자주 가는 바에는 일곱 종류의 과일이 접시에 전시되어 있는데, 손님이 좋아하는 과일을 고르면 그 자리에서 바로 즙을 짜내어 칵테일을 만들어줍니다.

술이 매우 부족한 상태라면 이야기가 다르지만, 딱 한두 잔만 더 마시고 싶어 할 경우에는 이처럼 과일을 넣은 칵테일이 제격입니다. 과일 칵테일은 특히 여성들에게 인기가 좋은데, "파인애플은 효소가 풍부해 미용에 효과적이지요."라는 등 과일에 관한 설명을 살짝 곁들이면 더욱 좋아합니다.

2차 회식 장소로 차분한 분위기의 조용한 가게는 피하는 편이 좋습니다. 2차를 갈 정도면 술기운이 얼큰하게 올라서 떠들썩한 분위기가 형성되는 게 대부분이지요. 이럴 때 작은 목소리로 소곤거리면 흥이 떨어져버립니다.

결국 도장을 찍게 만드는 술자리 비즈니스 골든 팁! ....
술을 좋아하는 사람들에게 술이 부족한 것만큼 찜찜한 경우도 없다. 뒤가 찜찜한 술자리는 차라리 가지 않는 게 낫다!

CHAPTER 5
'가게 선택'으로
상대와의
거리를
조절하라!

151

젓가락으로 먹는 가게가 편하다!

어느 고급 중화요릿집에서 회식을 했을 때의 일입니다. 그 가게는 다른 음식점들과 달리, 중화요리인데도 나이프와 포크로 식사를 해야 했습니다. 요리도 맛있고, 나이프와 포크로 먹는 중화요리도 각별한 맛이 있었기에 상대방도 좋아했습니다.

그런데 코스 중반에 젓가락으로 집는 요리가 나오자, 우리는 젓가락으로 식사를 하기 시작했습니다. 그리고 그 이후로 나오는 요리는 나이프와 포크 대신 모두 젓가락을 사용했지요. 역시 우리에게는 젓가락이 익숙하고 편하게 느껴졌던 것입니다.

접대 장소로만 따지자면 나이프와 포크를 쓰는 프렌치 레스토랑이나 이탈리안 레스토랑도 나쁘지 않지만, 차분하게 대화를 나누고 싶다면 젓가락을 사용하는 음식점을 추천하고 싶습니다. 아무래도 나이프와 포크를 사용하는 건, 그 자체로도 신경이 쓰이는 일이니까요. 회식은 업무와 관련된 대화를 나누는 게 주목적이지, 절대 음식을 먹는 게 주목적은 아닙니다.

물론 외국인은 젓가락보다 나이프와 포크가 더 편하게 느껴
질 수 있습니다. 상대가 외국인인 만큼 전통문화를 소개하고 싶
은 마음은 알겠지만, 고객이 식사를 편하게 즐기지 못하면 오히
려 역효과가 날 수도 있습니다. 그래서 저는 외국인과 함께 식
사를 할 때면 스푼이나 포크도 여벌로 준비해달라고 부탁합니
다. 이런 사소한 배려가 상대방을 감동시키는 법이지요.

'사내 회식'
때야말로
전략을 가져라!

52

성과를 내려면
상사에게 술자리를 제안하라

요즘은 술자리를 통한 사내 의사소통이 예전에 비해 많이 줄었다고 합니다. 물론 누군가를 험담하거나 넋두리를 늘어놓는 회식, 상사가 부하 직원을 앉혀놓고 일장 연설하는 회식은 아무런 쓸모가 없습니다. 하지만 이런 몇몇 경우 때문에 '사내 회식은 전부 쓸모없다'고 미리 단정하지는 말아주십시오. 전략적인 사내 회식은 곧장 업무 성과로 이어지는 법이니까요. 성과를 내는 사람은 이미 사내 회식을 적극적으로 활용하고 있습니다.

저는 제가 근무하는 회사의 사장님과 2~3개월에 한 번 정도 함께 술을 마시거나 골프를 칩니다. 사장님이 먼저 자리를 제안하는 때도 있지만, 제가 먼저 사장님께 말을 꺼낼 때도 있습니다.

이렇게 최종 결재권자와 함께 술을 마시면, 평소 사장님의 생각이나 저에 대한 기대 또는 우려 등을 파악할 수 있습니다. 반대로 평소 제가 가진 생각이나 상담하고픈 이야기도 가볍게 꺼낼 수 있지요. 회의실에서는 말하기 어려운 속마음도 서로에게 내보일 수 있습니다. 이런 기회가 있으면 당연히 업무에서 성과를 내기도 수월하겠지요.

예를 들자면 기획서를 통과시키기 위해 사내 회의를 소집할 수 있는 시간은 기껏해야 한 시간 남짓입니다. 프레젠테이션에 남다른 재능을 가지고 있다 자부하는 저조차도, 한 시간이라는 한정된 시간 안에는 기획의 매력을 사람들에게 모두 전달하기가 쉽지 않습니다. 사장님을 비롯한 결재권자들은 여간해서는 마음을 쉽게 열지 않는 법이지요.

그런데 결재권자와 술자리를 가지면 적어도 두세 시간은 함께 이야기를 나눌 수 있습니다. 기획서나 프레젠테이션만으로는 미처 전달하지 못했던 열정과 노력을 어필할 수 있는 것이시요. 반대로 사장님이 기대하는 내용이나 의문점을 술사리에서 파악한 뒤, 차후의 기획서나 프레젠테이션에 반영할 수도 있습니다.

20%에 해당하는 사내 회식 자리를 잘 활용하면, 80%에 해당하는 기획(업무 내용)의 성공률을 부쩍 끌어올릴 수 있습니다.

부하의 고민을 외면하는 상사는 없다!

'전략적으로 상사와 술자리를 가진다!'라는 사고방식은 매우 중요합니다. 상사가 술자리를 제안하지 않는다면 먼저 말을 꺼내는 용기도 필요합니다. 평사원이 최종 결재권자인 사장을 술자리에 초대하는 건 현실성이 없지만, 바로 위 결재권자를 초대하는 건 쉽습니다. 다음과 같이 긍정적이고 구체적인 상담거리가 있다는 사실을 얘기하면 상사도 시간을 내어줄 것입니다.

"이번에 큰 프로젝트를 맡았는데, 조언 좀 해주시겠어요?"

"다음 달에 중요한 고객과 회식을 하는데요. 어떤 식으로 흐름을 이어가면 좋을지 조언해주셨으면 합니다."

부하 직원이 의지한다고 해서 불쾌해하는 상사는 없습니다. 단, "오늘 시간 어떠세요?" 같은 급작스러운 요청은 좋지 않습니다. 대부분의 상사는 매우 바쁜데다, 갑작스레 초대하는 부하 직원을 예의 없다고 생각할 수도 있으니까요.

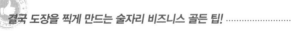

결국 도장을 찍게 만드는 술자리 비즈니스 골든 팁!

상사와의 술자리도 비즈니스다. 사내에서 능력을 인정받고 싶다면 인간적으로 친해질 수 있는 계기를 만든다!

53

바쁜 상사와는
점심 약속을 잡아라

앞에서 저는 "상사에게 술자리를 제안하라!"고 말했습니다. 그러나 현실적으로 갑자기 상사와 술 약속을 잡기란 쉬운 일이 아니겠지요. 상사가 매사 바쁠 경우엔 말을 꺼낸 부하 직원만 한가한 사람처럼 보일 수 있을 테고요.

매우 바쁘게 움직이는 상사를 둔 사람에게는 점심시간을 적극 활용하라 권하고 싶습니다. 점심 식사라면 부하 직원도 제안을 하기 쉽고, 또 아무리 바쁜 상사라도 배는 고프게 마련이니까요. 게다가 점심 식사는 저녁 회식과는 달리 상사의 부담이 적습니다. 저녁 회식을 하려면 어느 정도 시간을 확보해야 하니 스케줄 조정이 필요하지만, 점심이라면 가볍게 응할 수 있겠지요. 특

CHAPTER 6
「사내 회식」
때야말로
전략을
가져라!

159

히 점심 식사는 갑작스레 제안해도 수락하는 경우가 많습니다.

다시 한 번 말하지만, 바쁜 상사에게는 점심 식사를 제안하는 편이 현명합니다.

그렇다고 해서 '그냥 왠지 가까워지고 싶다' 등의 모호한 이유로 부하 직원이 상사에게 점심 식사를 제안하는 것은 금물입니다. 상사가 부하 직원에게 친근하게 다가가고 싶어 한다면 상관없지만, 부하가 '왠지'라는 이유로 상사의 시간을 빼앗는 건 실례겠지요. 극단적인 경우 상사는 '이 사람이 점심을 얻어먹고 싶었구나.' 하고 생각할지도 모릅니다. 부하 직원이 상사에게 점심 식사를 제안할 수 있는 가장 좋은 명분은 역시 '업무에 관한 상담'이 아닐까 싶습니다.

점심 식사는 격식 있는 요릿집이나 레스토랑이 아니어도 괜찮습니다. 평소에 자주 가는 백반집이나 근처 음식점에 가도 이야기를 나누는 데에 문제가 없습니다.

음식점에 도착하기 전까지 상담 내용을 전하라!

고객과의 저녁 회식을 준비할 때와 마찬가지로, 상사와 점심을 먹으러 갈 때에도 약간의 '대본'을 생각해두는 것이 중요합니다. 구체적으로 어느 가게에서 어떤 음식을 먹을지, 어느 타이밍에 어떤 내용을 말할지 등의 흐름을 머릿속에 그려두는 거지요.

어느 회사건 한 시간 정도로 점심시간은 한정되어 있습니다. 밥을 다 먹고 난 뒤 본론을 말하면 시간이 부족할 우려가 있습니다. 또 식사 도중에는 대화에 집중하지 못할 가능성도 있고요.

따라서 상담을 요청한 부하 직원은 음식점으로 가는 길에 미리 상담 내용을 상사에게 말해두는 편이 좋습니다. 그러면 음식점에 도착한 뒤부터 식사가 끝날 때까지는 편하게 잡담을 나누며 식사를 할 수 있겠지요. 또한 상사가 상담 내용을 미리 들으면 식사를 하면서 그에 대한 답을 정리할 수 있습니다. 상사가 멋진 대답을 준비할 수 있게 시간을 주는 셈이지요.

그리고 점심값은 상사가 내는 경우가 대부분이지만, 조언을 듣기 위해 상사의 시간을 빼앗았다면 부하 직원이 먼저 나서서 "오늘 점심은 소중한 조언을 들었으니 제가 사겠습니다." 하고 말하는 용기가 필요합니다. 그러면 분명 상사도 부하 직원의 매너가 좋은 편이라고 생각할 것입니다.

👍 **결국 도장을 찍게 만드는 술자리 비즈니스 골든 팁!** ....

성과를 내는 존경할 만한 상사라면 그 역시 점심시간을 허투루 사용하지는 않을 것이다. 미리 상사의 스케줄을 알아보고 약속이 없는 날을 골라서 점심 식사를 제안한다!

54

'시시한 잡담'이
일의 효율을 높인다

만약 당신이 상사라면, 때로는 업무 이야기는 접어두고 부하 직원들과 즐겁게 술 마실 기회를 가져보는 건 어떨까요?

《MEN'S CLUB》의 편집부에서는 마감 쫑파티 등을 겸해서 정기적으로 부서 회식 자리를 가집니다. 이때 경비는 온전히 제 주머니에서 나가지요. 그리고 이 회식 자리에서 나누는 대화의 95%는 업무와 상관없는 시시껄렁한 잡담입니다. 우스운 이야기가 등장하는가 하면 야한 유머가 오가기도 합니다.

저는 이 자리에서 일부러 업무 관련 이야기를 꺼내지 않으려고 노력합니다. 왜냐하면 이 회식은 업무 효율성을 높이기 위한 자리이기 때문입니다.

술자리도
능력이다

'업무의 효율성을 높이기 위해 일부러 업무 관련 이야기를 하지 않는다!'

모순처럼 들리겠지만, 실제로 아무 생각 없이 즐겁게 노는 것만으로도 업무의 성과는 올라갑니다.

요즘은 이메일로 커뮤니케이션을 하는 직장인이 많습니다. 업무 체계가 조직화된 회사일수록 얼굴을 마주하는 시간보다 메일을 작성하는 시간이 길지요. 옆자리에 앉은 사람에게 직접 물어보면 될 일을 메일로 물어보는 기묘한 풍경도 종종 눈에 띕니다.

확실히 메일을 통한 커뮤니케이션은 업무 효율성을 높여줍니다. 하지만 역시 중요한 건 밸런스가 아닐까요? 얼굴을 마주 보며 나누는 대화가 줄어들면 오히려 팀워크를 떨어뜨려 성과를 내는 데 걸림돌이 될 수 있습니다.

사내 회식을 통해 서로를 이해한다!

예를 들어 제가 회의 자리에서 부하 직원의 기획안을 보고 "이 기획안은 도저히 못 쓰겠어. 다시 해와!"라고 말했다 생각해봅시다. 평소 대화를 나눌 기회가 적어서 관계가 돈독하지 않은 부하 직원이라면 풀이 팍 죽어서 그 기획을 포기할지도 모릅니다. 그러나 평소 대화를 자주 나누는 사이라면 기가 죽기는커녕 "편집장님은 이 좋은 기획을 못 알아보시는군!" 하면서 기획안을 갈고닦아 다시 도전할 가능성이 높습니다. 물론 처음부터 제 가치관을 잘 이해하고 있는 부하 직원이라면 단칼에 거절당할 기획안은 들고 오지 않겠지만 말입니다.

반대로 제가 부하의 생각과 성격을 잘 알고 있다면, 그 부하의 잠재력을 이끌어낼 만한 조언을 할 수 있을 것입니다. 동기 부여야 말로 상사가 부하 직원에게 줄 수 있는 최고의 선물이지요.

앞서 여러 번 반복했지만, 기획서에서 드러나지 않는 결정적 20%는 커뮤니케이션을 통해 완성할 필요가 있습니다. 그리고 결정적 20%를 완성할 수 있는 가장 좋은 방법 중 하나가 바로 사내 회식에서 잡담을 나누는 일입니다.

서로가 서로를 이해하고 얼굴을 마주보며 이야기할 수 있다면, 그만큼 팀워크도 좋아집니다. 언뜻 보기에는 업무와 상관없는 잡담도 충분히 성과로 이어질 수 있다는 사실을 명심하기 바랍니다.

결국 도장을 찍게 만드는 술자리 비즈니스 골든 팁! ....

이메일로만 소통해도 업무를 진행하는 데 어려움은 없다. 하지만 업무를 성과로 이끄는 가장 좋은 방법은 서로 눈을 마주보며 대화를 나누는 것이다!

술자리도 능력이다

55

사내 회식의 5%는
진지한 분위기

앞에서 저는 '사내 회식은 업무와 상관없는 잡담이 95%'라고 했습니다. 그럼 나머지 5%는 무엇일까요? 맞습니다. 편집부 부서 회식의 나머지 5%는 진지한 업무 이야기입니다. 하지만 업무 이야기라고 해서 '지난 달 잡지에서 개선해야 할 점은 무엇인가?' 등 회의실에서 해야 할 대화를 나누는 건 아닙니다.

제가 부서 회식 때마다 반느시 하는 일은, 부서원 각사 모두가 바라보는 앞에서 한 가지 주제를 가지고 이야기를 하도록 하는 것입니다. 예를 들어 연초라면 올해의 포부를, 연말이라면 한 해 동안 아쉬웠던 점 등을 얘기하는 거지요.

많은 사람 앞에서 이야기를 할 기회는 의외로 적습니다. 우리 같은 편집 업무 종사자들은 특히 그렇지요. 그래서 고객 앞에서 프레젠테이션을 하거나 접대를 할 때, 벌벌 떨 정도로 긴장해서 제대로 말을 잇지 못하기도 합니다.

사내 회식은 상대방에게 자신의 생각을 전하는 훈련의 장입니다. 그래서 저는 부서원들이 발표할 때 "말하고자 하는 바를 정확히 모르겠다.", "목소리가 작아서 잘 안들린다."라며 엄격한 지적을 하기도 합니다. 당장 즐거운 분위기는 조금 식을지 몰라도 이렇게 사내 회식 자리를 통해 경험을 쌓아나가면, 사람들 앞에서 이야기하는 일이 더 이상 두렵거나 떨리지 않을 것입니다.

결국 도장을 찍게 만드는 술자리 비즈니스 골든 팁! ....
사내 회식은 자신의 가능성을 시험할 수 있는 훌륭한 기회다. 어떻게 하면 좌중을 압도하고 영향력을 행사할 수 있을지 생각하면서 이야기한다!

술자리도 능력이다

56

사내 회식이야말로
지각은 금물

사내 회식 자리를 마련하면 반드시 늦게 오는 사람이 있습니다. 그런 사람은 꼭 "일이 밀려서……."라는 핑계를 대지요. 하지만 누구이 말했듯이 회식도 엄연한 업무의 일환이며, 성과를 내기 위한 필수 과정입니다. 아무리 사내 회식이라도 급한 미팅이나 반드시 회사에 남아야 할 사정이 없는 이상 지각은 금물입니다. '사내 회식도 업무'라는 강한 의식을 가져야 합니다.

성과를 내는 사람은 기본 규칙을 지킨다!

사내 회식에 늦게 등장하는 사람은 대체로 업무에 대한 의식

수준이 낮을 뿐만 아니라, 게으르고 시간 관리도 야무지지 못합니다. 당연히 고객과의 회식 자리에도 지각할 가능성이 높겠죠.

친구와의 사적인 술자리라면 살짝 지각하는 정도는 상대방이 관대하게 넘어가줄지도 모릅니다. 그러나 고객을 접대하는 경우에는 지각을 했다는 그 사실만으로도 신용을 잃게 됩니다. 제아무리 멋진 대본을 준비했다 하더라도 점수를 만회하기 어렵습니다.

'하나를 보면 열을 안다.'라는 속담이 있습니다. 사내 회식에 지각하는 사람은 다른 일에서도 나사가 풀려 있을 가능성이 높습니다. 회식 전 리허설을 설렁설렁한다거나, 고객에게 반드시 전해야 할 사항을 까먹는 건 그런 사람에게 늘 있는 일일 겁니다.

반대로 성과를 내는 사람은 아무리 바빠도 사내 회식 자리에 지각하지 않습니다. 지금까지 사내외를 막론하고 우수한 비즈니스맨들을 수없이 지켜본 결과, 성과를 내는 사람일수록 시간을 엄수하며 기본적인 비즈니스 규칙을 소중히 여기더군요.

결국 도장을 찍게 만드는 술자리 비즈니스 골든 팁! ....
고객을 접대할 땐, 상대방보다 늘 먼저 약속 장소에 도착한다. 늦게 온 사람은 먼저 온 사람에게 미안한 마음을 가질 수밖에 없다!

술자리도 능력이다

사내 회식을 '당근'으로 활용하라!

　요즘은 상사가 부하 직원에게 술자리를 제안하는 것만으로도 '꼰대'가 되는 풍조가 있습니다. 물론 술을 못 마시는 부하 직원에게 강제로 술을 먹이거나, 잔소리나 넋두리를 하염없이 늘어놓거나, 밤늦게까지 부하 직원을 데리고 2차, 3차를 다닌다면 '꼰대'라고 비난받아도 어쩔 수 없습니다.

　그러나 저는 서로 예의를 잃지 않는 회식은 깊은 대화를 나누는 장으로서 꼭 필요하다고 믿습니다. 이런 사고방식을 구식이라고 여길지도 모르지만, 이것만큼은 단언할 수 있습니다. 공식적인 자리에서 내보일 수 없었던 서로의 속마음과 생각을 회식 자리에서 이야기힘으로써 관계가 친밀해지고 팀워크도 돈독해진다고요.

　저 역시 편집부의 부서 회식 외에도 부하 직원이나 영업 담당자에게 술자리를 제안할 때가 있습니다. 요즘 업무 성과가 시원찮아서 걱정이 되는 경우, 또는 반대로 훌륭한 성과를 내는 경우 술 한잔하자고 얘기를 꺼내지요.

'너무 심하게 혼냈다'는 생각이 들 때에도 술집에 데려갑니다. 잡지 편집부는 운동부와 비슷한 부분이 있어서 부하 직원이 제대로 일을 하지 않으면 매우 엄격하게 지적하고 혼냅니다. 이럴 땐 숨겨진 진심을 전하고 기운을 북돋아주기 위해 일부러 자리를 제안합니다.

개별적으로 만나는 술자리에서 저는 설교를 하거나 세세하게 잔소리를 늘어놓지 않습니다. 부서 회식과 마찬가지로, 일 이야기는 되도록 자제하고 즐겁게 마시는 일에 집중합니다. 업무를 잘했다면 "네 덕분이다."라며 칭찬도 아낌없이 해줍니다.

오래된 방법이지만, 저는 이렇게 당근과 채찍을 구분해서 사용합니다. 다시 말해 술자리를 격려의 장으로 활용하는 것이지요. 부하 직원의 사기를 진작시키기 위해서는 아무래도 이런 아날로그 방법이 더 효과를 발휘하지 않을까요? 결국 어떤 일이든 감정을 가진 '사람'이 하는 법이니까요.

도저히 시간이 나지 않아 부하에게 술 마시자는 얘기를 꺼내기 어려울 때도 있습니다. 그럴 땐 업무 시간 중에 부하와 대화를 나눌 시간을 만들어야 합니다. 보통 때라면 한 시간이면 끝날 이야기를 한 시간 반 동안 이끌어나가는 거지요. 무작정 효율만 추구하다 보면 성과를 내는 팀을 만들 수 없습니다.

'골프장'과 '헬스장'에서 비즈니스 찬스를 만들어라!

57

성과를 내는 사람은
'골프'를 친다

지금까지 저는 '회식을 통해 어떻게 비즈니스 성과를 낼 것인가'에 대해 말씀드렸습니다. 그런데 꼭 회식이 아니더라도 마찬가지의 효과를 기대할 수 있는 기회가 또 있습니다. 바로 '골프'입니다.

저는 15년 전쯤부터 본격적으로 골프를 배우기 시작했습니다. 패션 업계에는 골프 애호가가 많아서 클라이언트를 따라갔던 게 계기가 되었습니다. 사실 처음에는 골프라는 운동에 그다지 큰 재미를 못 느꼈습니다. 하지만 꾸준히 배우다 보니 한 가지 사실을 깨닫게 되더군요. '골프는 회식의 연장'이라는 사실을 말이지요.

상대방과 함께 오랫동안 코스를 돌다 보면 자연스레 상대방의 성품을 알게 되고, 자신이 어떤 사람인지 보여줄 수 있습니다. 그러다 보면 마음을 터놓게 되어 관계가 깊어지지요. 다시 말해, 회식과 마찬가지로 골프를 통해서도 80%에 해당하는 업무의 성과를 결정지을 수 있는 것입니다.

성과를 내는 사람들은 골프를 '업무 성과로 이어지는 과정'이라고 생각합니다.

결국 도장을 찍게 만드는 술자리 비즈니스 골든 팁! ……………………

골프는 단순한 놀이가 아니다. 고객의 마음을 얻기 위해 반드시 치러야 하는 회식의 연장선이다!

58

'골프'는 회식보다 비용 대비 효과가 좋다

저는 매년 80번 정도 골프를 치기 위해 필드에 나갑니다. 그중 90% 정도가 클라이언트와 함께하는 자리이지요. 그러다 보니 휴일뿐만 아니라 평일에도 골프를 치러 가는 경우가 종종 있습니다.

"그건 도가 씨가 편집장이니까 가능한 일입니다."라고 말하는 사람이 있을지 모르겠군요. 어느 정도는 맞는 얘기입니다. 잡지 편집장이 아니었다면 제가 업무 시간 중에 골프를 칠 수 없었을 테고, 골프라는 운동은 시간적으로나 금전적으로나 회식보다 진입 장벽이 높게 느껴지니까요.

그러나 '골프 접대의 비용 대비 효과는 상상 이상이다'라는 점도 사실입니다.

골프를 치러 가면 중간에 점심시간까지도 하루 종일 상대방과 같이 있어야 합니다. 경기 시간이 약 다섯 시간이니까, 점심시간까지 치면 여섯 시간 정도를 같이 필드 위에서 보내는 셈입니다. 여기에 차로 고객을 태워 오고 태워다 주면 여덟 시간은 훌쩍 흘러갑니다.

'골프는 부자들의 스포츠'라는 이미지가 있습니다. 확실히 가벼운 마음으로 시작하기엔 어려운 운동이지만, 그렇다고 해서 터무니없이 진입 장벽이 높은 것도 아닙니다. 실제로 평일에는 이용 요금도 의외로 저렴합니다. 한 사람당 15만 원 정도를 내면 괜찮은 코스를 하루 종일 이용할 수 있으니까요. (저처럼 업무의 일환으로 골프를 치는 고객도 많아서, 평일에 만나는 경우도 드물지 않습니다.)

이에 비해 회식은 기껏해야 두세 시간 정도에 불과합니다. 약간 고급스러운 음식점에 가면 일인당 10만 원을 훌쩍 넘기고요.

'여덟 시간에 15만 원'과 '두세 시간에 10만 원'. 양쪽 다 업무 성과로 이어지는 과정이라고 생각한다면, 클라이언트와 더 많은 시간을 보낼 수 있는 골프의 비용 대비 효과가 더 좋다고 할 수 있습니다.

골프를 치는 사람 대부분이 '주요 인사!'

만약 당신이 '골프는 부자들의 스포츠'라는 이미지를 가지고 있다면, 한 번쯤 편견을 버려보는 건 어떨까요? 확실히 골프를 치는 사람들 중에는 경제적으로 풍족한 사람이 많지만, 업무 성과를 내기 위한 경비라고 생각하면 결코 비싼 게 아닙니다. 회사나 직업에 따라서는 실제 경비로 인정해주는 경우도 있고요.

또 회식을 즐기는 사람은 많지만, 업무 성과를 내기 위해 골프를 치는 사람은 소수입니다. 골프를 취미로 둔 사람들 중에는 결재권을 가지고 있는 주요 인사가 대부분인데 말이지요.

정리하자면, 골프는 '기회는 큰데 경쟁자는 적은' 그런 운동입니다. 그러므로 골프를 함께 칠 수 있는 사람은 그 자체만으로도 경쟁력을 가지고 있다고 말할 수 있습니다.

결국 도장을 찍게 만드는 술자리 비즈니스 골든 팁! ....
골프는 부자들의 스포츠가 아니다. 부자들이 투자처를 찾기 위해 열어놓은 창구다!

59

골프 스타일은
곧 업무 스타일

여섯 시간이 넘게 자신을 꾸미기는 어렵습니다. 일단 필드에 나가면 여섯 시간 정도는 같이 움직여야 하므로, 좋든 싫든 상대의 성품과 성격을 엿볼 수밖에 없습니다.

어느 클라이언트와 처음으로 함께 골프를 치러 갔을 때의 일입니다. 그 클라이언트는 냉정하고 침착하며, 다소 신경질적인 이미지를 가지고 있었습니다. 농담도 잘 통하지 않는 사람처럼 보여서, 저도 거리를 좁히기가 쉽지 않았지요.

그런데 그 클라이언트가 짧은 거리의 퍼트를 실패했을 때였습니다. 갑자기 "으악! 실수했다!"라며 소리를 지르고는 그대로 잔디 위에 대자로 누워버리는 게 아니겠습니까. 그는 마치 떼를 쓰는 어린아이 같았습니다. 잔디 위에 드러눕는 건 매너에 어긋나는 행동이었지만, 그 모습을 본 저는 '저 사람도 인간적인 면을 가진 귀여운 사람이구나.' 하고 느꼈지요.

그날 이후 저는 그 클라이언트에게 가벼운 마음으로 말을 걸수 있게 되었습니다. 나중에는 농담을 주고받을 정도로 관계가 발전해서, 서로 이름이 아닌 별명을 부르는 사이가 되었습니다. 업무의 질이 한층 높아졌다는 점은 두말할 필요도 없겠지요.

골프를 치는 스타일에는 그 사람의 성품뿐만 아니라 업무 스타일도 드러납니다. 이를 테면 망설임 없이 급하게 공을 치는 사람은 업무 처리에서도 스피드를 중요하게 여기고 결단도 빠르게 하는 편입니다. 이런 사람에게는 일의 완성도보다 스피드를 강조하는 편이 좋겠지요.

정면에 나무가 있을 때 1타를 손해 보더라도 그 사이를 노리지 않고 나무를 피해가는 사람이 있습니다. 그런 사람은 안전성을 중요하게 여기므로 비즈니스를 진행할 때에도 신중하게 선택하고 결정하겠지요. 이런 고객에게는 기획서를 제출하거나 프레젠테이션을 할 때 자료와 데이터를 많이 준비하는 게 좋습니다.

이처럼 상대방이 골프 치는 스타일을 보면 업무 스타일을 파악할 수 있고, 그에 맞추어 성과도 조율할 수 있습니다.

골프장에서는 일부러 속마음을 내보여라!

골프장에서는 '속마음을 살짝 내보이기 쉽다'는 장점도 있습니다. 푸른 하늘과 녹음에 둘러싸인 환경에서는 마음도 저절로 열리는 법이지요. 저는 가끔 우리 회사의 사장님과 함께 골프를 치는데, 경기 도중 일부러 평소 회의실에서는 꺼내기 힘든 말을 하기도 합니다. 이를 테면 "요즘 일손이 부족해서 직원들이 고생이 많습니다. 인원을 한 명 더 늘렸으면 하는데요."라며 잽을 날리는 기분으로 슬쩍 던져보는 거지요. 그러면 사장님은 "매출이 10% 늘면 채용하게나." 하고 반농담처럼 대답하십니다.

물론 이런 일은 다음 날 회사에서 정식으로 논의할 내용이지만, 사전에 이렇게 운을 떼우는 것만으로도 사장님은 제 이야기를 들었을 때 당황하지 않고 생각해볼 수 있습니다. 이렇게 골프를 치며 속마음을 전해두면, 그 뒤 일과 관련된 의사소통이 간결해져 업무를 효과적으로 진행할 수 있습니다.

결국 도장을 찍게 만드는 술자리 비즈니스 골든 팁! ⋯⋯⋯⋯⋯⋯⋯⋯

사무실이나 회의실에서 보는 모습이 전부는 아니다. 취미 생활을 공유할 수 있을 때 비로소 그 사람의 친구가 될 수 있다!

60

'헬스장'에서
맨몸으로사귀어라

골프장말고도 회식과 같은 효과를 얻을 수 있는 장소가 한 군데 더 있습니다. 바로 헬스장입니다.

저는 '옷을 맵시 있게 입으려면 역삼각형 몸매를 유지해야 한다'는 신념을 가지고 있습니다. 그래서 아무리 바빠도 일주일에 두세 번은 운동을 하기 위해 헬스장을 갑니다.

제가 가는 헬스장 회원 중에는 일 때문에 만나는 클라이언트도 있는데, 업무와 관련이 없는 장소에서 함께 땀을 흘리다 보면 역시 서로의 성품을 알 수 있고 관계도 친밀해집니다. 앞에서도 얘기했듯이 맨몸으로 사우나에서 대화를 나누다 보면 서로간의 거리가 확 좁혀지는 법이지요.

또한 제 경험으로 보자면, 헬스장에서 몸을 단련시키는 사람 중에는 업무에 대한 의식이 확고해서 좋은 성과를 내는 이가 많습니다. 그런 사람들과 속마음을 터놓고 교류하다 보면 해이해진 제 정신을 다시 잡는 계기도 마련할 수 있지요.

자, 여러분도 성과를 내기 위해 헬스장을 전략적으로 활용해보는 건 어떨까요?

결국 도장을 찍게 만드는 술자리 비즈니스 골든 팁! ....

헬스장에서 근육만 단련시키지 않는다. 겉치레는 벗어던지고 업무 성과를 위한 대인 관계의 근육을 키운다!

제가 참가하는 대부분의 회식은 그 자리를 통해 업무 성과를 얻는다는 전제가 깔려 있습니다. 정말 사적인 술자리를 가지는 건 다섯 손가락 안에 꼽을 수 있을 정도로 적습니다.

혹자는 '도가 씨는 술자리를 좋아하니까……'라고 여기기도 합니다. 하지만 솔직히 말하자면 저도 가끔은 힘이 듭니다.

그래도 제가 열과 성을 다해 술자리와 회식에 임하는 이유는 《MEN'S CLUB》의 편집장이라는 직함이 있기 때문입니다. 이 직함 때문에 지금의 저와 술자리를 가지거나 회식을 하려는 사람이 존재한다는 사실을 저도 잘 알고 있으며, 그 자리를 잡지 수입으로 연결시키는 게 편집장의 사명이라고 생각합니다.

물론 술자리와 회식이 늘면 늘수록 아내와 어머니, 장모님과 장인어른, 친구들과 함께할 수 있는 기회는 줄어듭니다. 그럴수록 저는 가슴이 사무치게 느낍니다. 회식을 할 때마다 제가 누군가를 그리워하고, 또 지켜주고 싶어한다는 사실을 말입니다. 다소 아이러니한 결과지만, 업무 회식이 빈번하기 때문에 소중한 이들과 보내는 시간의 고마움을 절감하는 것이지요.

여러분에게 전부 나처럼 똑같이 하라고 강요하고 싶지는 않습니다. '도가 씨처럼 늘 일만 생각하다 보면 금방 지치고 말거야.'라고 생각하는 것도 당연합니다. 단, 매일 업무 회식을 치러 온 경험자로서 이것 하나만은 장담할 수 있습니다.

'전략적인 회식은 반드시 업무 성과로 이어진다!'

날마다 회식을 할 필요는 없습니다. 단, 이제부터는 '회식은 성과를 내기 위한 단계'라는 점을 생각하면서 회식에 참여해보십시오. 그러면 장소 선택부터 대화 내용, 회식 후의 대처까지도 지금까지와는 완전히 달라질 것입니다. 그리고 그 변화는 당신의 업무 성과로 이어질 테고요.

자, 달력을 펴보세요. 다음 회식은 언제입니까?

제가 지금까지 조언했던 내용들을 우선 그 회식 자리에서 하나라도 실천해준다면 저는 무척 기쁠 것입니다.

당신의 업무 성과가 찬란히 빛나기를 비리며, 건배!

옮긴이 이지수

고려대학교와 사이타마대학교에서 일본어와 일본문학을 공부했다. 편집자로 일하다가 번역가
로 전향했다. 텍스트를 성실하고 정확하게 옮기는 번역가가 되기를 꿈꾼다. 옮긴 책으로 『사는
게 뭐라고』 『죽는 게 뭐라고』 『저울이 필요 없는 폭신폭신 팬케이크』 등이 있다.

비즈니스의 부족한 1%를 채우는 술자리의 노하우!

술자리도 능력이다

초판 1쇄 인쇄 2015년 11월 12일
초판 2쇄 발행 2015년 12월 8일

지은이 도가 히로쿠니
옮긴이 이지수
펴낸이 김선식

경영총괄 김은영
마케팅총괄 최창규
기획·편집 김선준 **크로스 교정** 이호빈 **책임마케터** 이주화
콘텐츠개발4팀장 김선준 **콘텐츠개발4팀** 황정민, 변민아, 이호빈, 임보윤
마케팅본부 이주화, 정명찬, 이상혁, 최혜령, 박현미, 김선욱, 이소연
경영관리팀 송현주, 권송이, 윤이경, 임해랑
외부스태프 표지·본문디자인 북디자이너 경놈

펴낸곳 다산북스 **출판등록** 2005년 12월 23일 제313-2005-00277호
주소 경기도 파주시 회동길 37-14 3, 4층
전화 02-702-1724(기획편집) 02-6217-1726(마케팅) 02-704-1724(경영지원)
팩스 02-703-2219 **이메일** dasanbooks@dasanbooks.com
홈페이지 www.dasanbooks.com **블로그** blog.naver.com/dasan_books
종이 한솔피엔에스 **출력·제본** 갑우문화사 **후가공** 이지앤비 특허 제10-1081185호

© 2015, 도가 히로쿠니

ISBN 979-11-306-0653-8 (03320)